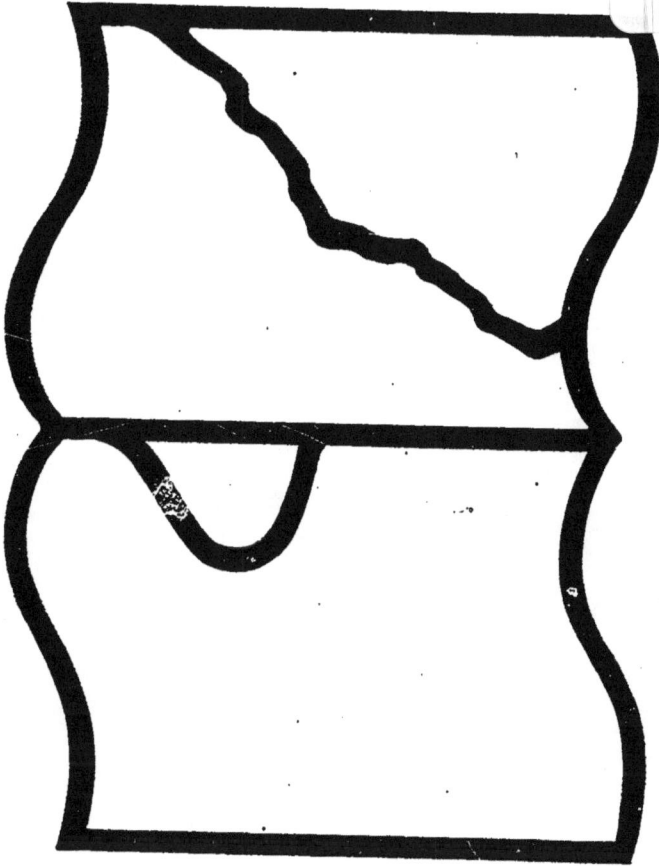

Texte détérioré — reliure défectueuse

NF Z 43-120-11

Symbole applicable
pour tout, ou partie
des documents microfilmés

RAPHAËL COR

ESSAIS

SUR

La Sensibilité
Contemporaine

Nietzsche

De M. Bergson à M. Bazaillas

M. Claude Debussy

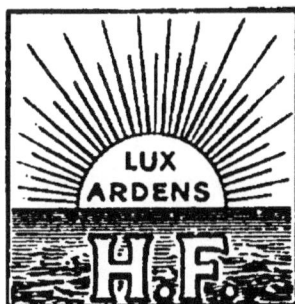

LUX ARDENS
H. F.

PARIS

HENRI FALQUE, ÉDITEUR

76, Rue de Rennes, 76

1012

ESSAIS

SUR

LA SENSIBILITÉ CONTEMPORAINE

DU MÊME AUTEUR

M. Anatole France et la Pensée Contemporaine.

Etude décorée de quatorze compositions, dont huit portraits, dessinées par Bellery-Desfontaines, Carrière, A. Leroux, Henri Martin et Steinlen, gravées par E. Florian. Paris, Ed. Pelletan, Editeur.   **5 fr.**

RAPHAËL COR

ESSAIS

SUR

La Sensibilité
Contemporaine

Nietzsche

De M. Bergson à M. Bazaillas

M. Claude Debussy

PARIS

HENRI FALQUE, ÉDITEUR

76, Rue de Rennes, 76

1912

AVERTISSEMENT

Le chapitre qui figure en tête de ce livre ne vise pas à présenter un exposé de la doctrine nietzschéenne. Aussi bien, il s'est trouvé, ces temps derniers, un si grand nombre d'explorateurs pour nous guider, de science sûre, à travers cette philosophie, que nous n'aurions vraiment plus qualité pour prétendre la découvrir. Telle n'est point notre ambition. Estimant que, si l'œuvre de Nietzsche est intéressante, sa personnalité l'est davantage encore, nous avons fait effort pour comprendre l'homme, avec ses petitesses et ses grandeurs, en dégageant ce que M. Faguet appelle *le système derrière le système* et qui pourrait bien être le vrai Nietzsche, beaucoup plus digne d'admiration que le personnage de façade devant qui s'indigne ou se pâme la foule. Quel a donc été notre dessein ? Simplement, la jugeant remarquablement riche et curieuse, de prendre la sensibilité de Nietzsche pour objet d'analyse, et de tenter d'en démonter en quelque sorte les rouages, sans nous interdire, à titre de plaisir personnel, de préluder à quelques variations sur les thèmes et motifs principaux qu'elle pouvait nous fournir.

Au reste, il semble qu'à l'heure actuelle, l'étude de la sensibilité bénéficie d'un regain de faveur. Cela est dû à un mouvement général de réaction contre la philosophie intellectualiste, mouvement dont nous aurons à nous demander s'il n'a pas été poussé un peu à l'extrême. La tendance est d'attribuer à M. Bergson, au moins autant qu'à William James, tout l'honneur de ce mouvement. C'est oublier la part que divers philosophes y ont prise : avant lui, à Genève, M. Gourd ; en même temps que lui, M. Blondel et M. Rauh ; après lui et actuellement, M. Bazaillas.

La philosophie de ce dernier n'est pas sans offrir des analogies avec celle de M. Bergson. Considérant l'entendement comme radicalement incapable de penser la vie et le devenir, tous deux font effort pour rejeter les concepts et retrouver la réalité psychologique à travers les symboles de la pensée abstraite qui la déguisent. On peut y voir le résultat d'une commune influence exercée sur ces psychologues par les doctrines de Berkeley et de Schopenhauer. Si l'on ajoute qu'en vue d'aboutir à cette intuition du réel, M. Bazaillas et M. Bergson ont une même tendance à faire ordinairement coïncider les problèmes psychologiques avec des problèmes métaphysiques, on aura suffisamment indiqué par où leurs méthodes se rapprochent. Mais il resterait à montrer ce qui les sépare et, sans anticiper sur les analyses qui suivront, à noter l'effort de M. Bazaillas pour réaliser un *dynamisme* formant la structure fondamentale du moi vivant et retrouver en nous tout un système de forces jeunes, frustes et héroïques, constituant une animalité d'ailleurs bien spéciale, puisque l'intellectualité lui est immanente. A ce titre et sans confusion possible avec la doctrine bergsonienne, l'essai original tenté par M. Bazaillas pourrait bien marquer une direction de la pensée contemporaine.

L'intérêt de cette philosophie méritait d'être signalé, à l'heure où la popularité de M. Bergson, dépassant les milieux spéciaux, commence à prendre un caractère étrangement envahissant. A dire vrai, ce n'est pas sans un peu de tristesse qu'il arrive que nous ayons parfois à nous détromper d'un talent. Ayant subi la séduction des livres de M. Bergson, ayant

su nous y intéresser et nous y plaire, force
nous est de confesser que notre enchantement s'est évanoui à la lecture de son
récent ouvrage (1). Il semble pourtant,
chose singulière, que ce volume ait plus
fait pour son renom que tous ceux qui
l'avaient précédé. Ce ne furent qu'éloges,
dithyrambes dénués de critique (2) et l'on
vit quantité de beaux-esprits sans mandat,
f rmant essaim autour du maître, se constituer les administrateurs mondains de sa
renommée. Compromettants admirateurs,
évadés de la philosophie, faisant pendant
aux debussystes, ces évadés de la musique. Voilà comment, l'art s'étant perdu
de prendre mesure des gens, notre admi-

1. *L'Évolution créatrice.*

2. Lire, à titre de curiosité, l'extraordinaire étude
intitulée : *les Sexes*, par une Bergsonienne. *La Revue
des Idées*, 15 Octobre 1910. Il n'est pas jusqu'aux
théoriciens du syndicalisme dont M. Bergson n'ait
tourné la tête : à en croire M. Lagardelle, la ruine
du marxisme ne serait rien moins qu'une victoire de
la philosophie de l'intuition.

ration affecte à tous coups la forme d'une
panique (1).

Il y aurait bien des éléments à démêler,
dans cette ambitieuse cosmogonie que
n'a pas craint d'échafauder l'auteur, jadis
mieux avisé, des *Données immédiates de
la conscience.* J'y vois des traces de la
pensée de Schopenhauer, une transposi-
tion ingénieuse, sous forme *d'Élan vital,*
de l'Ame du monde des Anciens, un mélange assez déconcertant de bon sens
écossais et de rêveries alexandrines, le
tout revu, compliqué et surchargé de
science ; quelque chose, à tout prendre,
comme l'œuvre d'un Wells de la philosophie, inventeur quelque peu aventu-
reux d'une nouvelle machine à explorer
le monde. Voilà, certes, une méthode

---

1. Songez au bruit fait autour du *Vieil homme,*
l'œuvre la moins réussie de M. de Porto-Riche, tout
comme naguère autour de *Colette Baudoche,* le plus
discutable des romans de M. Barrès, qu'on proclama
son chef-d'œuvre.

merveilleuse pour utiliser la pensée d'autrui en vue d'un parti personnel; mais, avec son mélange de réalisme adroit et de chimères, cet art, si séduisant qu'il soit, où l'esprit israélite excelle, passera somme toute malaisément pour marque d'originalité profonde.

Pourquoi faut-il que M. Bergson, cet analyste incomparable, se soit avisé tout-d'un-coup de faire œuvre de synthèse ? Il y a en lui du bel-esprit philosophique, et sa méthode, un peu façonnière, déploie toute sa grâce coquette dans les études et aperçus de détail. Au sein même de cette cosmogonie diffuse, d'une si contestable portée, telle page suffit à révéler le psychologue et à en consacrer le mérite. Ce sont des nuances chatoyantes et comme des irisations de pensée, qui peut-être appelleraient une comparaison avec l'art debussyste. Mais, pour faire un sort à ces analyses, était-il besoin d'un si compact ouvrage ? Vouloir reconstruire le monde à coup de détails ingénieux et

d'observations de finesse, quelle erreur
de méthode et quelle visée singulière !
C'était se condamner sûrement à faire
œuvre décevante. Telle m'apparaît cette
philosophie, qui n'a pas laissé que d'exer-
cer une influence stérilisante sur beaucoup
d'esprits, dont je dirais qu'elle chatouille
l'intelligence plutôt qu'elle ne l'excite et
qui, malgré son éclat, sa valeur incontestable et qui reste hors de cause, pourrait bien marquer, en somme, le début
d'une décadence.

Au fond, pour M. Bergson, qui est un
philosophe du continu, l'être est d'essence
psychique, et l'intelligence, détachée
d'une réalité infiniment plus vaste, serait
comparable à une sorte de noyau solidifié,
ne différant pas radicalement du milieu
fluide qui l'enveloppe. Telle un peu, aux
yeux de certains savants, la matière vulgaire ne serait que de l'éther condensé. Le
chef-d'œuvre de l'intelligence consistera
dès lors, pour celle-ci, à se fondre dans
le tout comme dans son principe et à

réussir à se libérer, à la faveur de cette résorbtion, grâce à laquelle elle essaiera de revivre à rebours sa propre genèse.

Ce narcissisme de la pensée n'est certes pas sans grâce ; ce n'est rien moins qu'une théorie de la liquéfaction de l'intelligence, et il a fallu à M. Bergson toutes les ressources de la sienne pour aboutir au piquant résultat de nous la faire admettre. Ces ressources sont d'ailleurs fort subtiles, ce psychologue étant passé maître dans le maniement des idées glissantes. Son art caressant et souple, d'un charme vaguement féminin, ferait de lui quelque chose, à nos yeux, comme la sirène ou l'ondine de la moderne philosophie.

Mais cet effort, si ingénieux qu'il soit, pour pousser l'intelligence hors de chez elle, à quoi peut-il en fin de compte prétendre, sinon, tout au plus, à nous donner de la réalité une vision évanouissante ? Et, d'autre part, que signifie cette façon d'opposer sans relâche les beautés de l'intuition aux méfaits de la pensée raisonnante ? L'intuition n'a de valeur que dans la mesure où elle saisit les chosës en leur appliquant un ordre esthétique confusément pressenti. Mais dès lors, loin d'être en opposition profonde avec l'intelligence, il serait plus juste de voir en elle la fleur brillante de celle-ci.

En somme, toute cette doctrine nous apparaît comme un effort infructueux pour dépasser le Kantisme; elle n'a d'ailleurs qu'en apparence le caractère d'un idéalisme et c'est bien par l'opération la plus artificielle et la plus inattendue que l'auteur, cédant au désir distingué de retrouver Dieu et l'âme, a cru devoir en faire le couronnement orthodoxe de sa philosophie.

Tout autre est celle de M. Bazaillas, que l'on peut regarder à bon droit, non certes comme un spiritualisme, mais comme un idéalisme véritable, puisqu'elle est essentiellement une philosophie du *discontinu* et ne tend à rien moins qu'à retrouver dans la personne humaine une

série d'unités vivantes et de libres syn-
thèses. D'une part, à ses yeux, l'inconscient, qui est à la base du moi, constitue
un monde de forces dynamiques qui
s'agitent confusément, soumis d'ailleurs
à des degrés variables de relâchement et
de tension. Et d'autre part, au sommet
de l'être, l'existence individuelle s'ajoute
elle-même, par synthèse, à l'essence indé-
terminée; elle n'est pas simplement, elle
est libre, en sorte que la réalité personnelle est faite de pensée pure et que c'est
à la partie la plus noble de nous-mêmes
qu'il appartient de capter les forces de
l'inconscient, pour en faire jaillir l'acte de
la personne. Notre être véritable est bien
composé d'images et de pures sensations;
mais, si l'individualité est une synthèse
progressive, une forme vivante capable
de persévérer en elle, tout en se modi-
fiant, autrement dit, si nous passons du
possible à l'être, ce n'est que par un acte
tout volontaire de liberté. La seule unité
possible du moi est donc une unité mo-

rale, la suprême « différence » de la
conscience se confondant avec sa véritable autonomie et se réalisant grâce à l'attrait du principe universel, quand il arrive
à la pénétrer. Chaque *moi* ne devient le
type d'une causalité idéale que grâce à
un redoublement d'activité spirituelle et
d'énergie morale. Pour tout dire, la personnalité humaine est le summum de la
pensée (1).

Voilà des traits par où cette philosophie prend une singulière consistance et,
du même coup, se révèle différente de
celle de M. Bergson. Il se pourrait d'ailleurs que le caractère ondoyant qu'on lui
prête et qui peut faire illusion provînt
surtout de la manière d'écrire propre à
M. Bazaillas, de son style miroitant, de
l'extrême fluidité de ses phrases et de
cette habitude, un tant soit peu coquette,

1. *La Vie personnelle*, par Albert Bazaillas. — Alcan, éditeur.

consistant à revêtir sa pensée de mille et une formes de rechange.

Mais il reste qu'étudiant la sensibilité, M. Bazaillas ne craint pas d'insister sur son caractère dynamique et voit en elle tout autre chose qu'un acheminement vers la déliquescence. C'est justement ce qui nous permet d'envisager sa tentative avec sympathie, tout en demeurant, par ailleurs, insensible à celle de M. Claude Debussy ainsi qu'aux défaillantes beautés de l'art qu'il a mis à la mode. Ses admirateurs croient avoir tout dit quand ils nous représentent sa musique comme un retour candide à la sensibilité primitive. Mais le propre de la sensibilité est d'être riche et active, et la musique, par où elle s'exprime, doit instituer au plus profond de nous-mêmes une expérience passionnée. C'est à quoi l'art de M. Debussy serait bien empêché de prétendre. Sa muse, couronnée de pavots, s'y révèle fort impuissante. C'est tout au plus s'il arrive à nous plonger dans une vague songerie,

une sorte demi-mort moelleuse et savou-
reuse... Ses œuvres où manquent la passion, la vie, le battement d'ailes, relèvent
moins de la musique que de l'art, moins
de l'art que du sortilège.

Si portée que soit d'ailleurs notre époque à goûter la philosophie d'un Bergson
ou la musique d'un Debussy, et à s'exta-
sier devant les formes raffinées de la
déliquescence, il s'est trouvé un certain
nombre d'esprits pour réagir contre ce
mouvement et dénoncer ce que ce culte
de la sensibilité pourrait bien avoir d'excessif. Mais la manière dont ces défenseurs de la raison entendent leur tâche
n'est guère propre à faciliter la nôtre,
avouons-le, et nous interdit, en toute
bonne foi, de nous ranger à leurs côtés.
On sait avec quel brillant et quelle fougue
M. P. Lasserre est récemment parti en
guerre contre le romantisme (1). Tout artiste qui cherche le pur « sentir » est,

1. *Le Romantisme français*, par Pierre Lasserre.

pour lui, digne d'anathèmes. C'est le propre des romantiques et il ne se fait pas faute d'accumuler sur eux les malédictions retentissantes. A l'en croire, chez ces grands poètes, le beau ne serait que la splendeur du faux. Il définit le romantisme : une corruption intégrale des hautes parties de la nature humaine, un sensualisme envahissant tout l'être et se transportant jusque dans l'esprit, où il donne lieu à un délire mortel, à un enfantement frénétique d'idées fausses. — Et, que l'idéologie romantique soit par bien des côtés artificielle et puérile, c'est ce qu'il est difficile de nier ; mais quelle erreur de partir de là pour ruiner ce mouvement poétique, en méconnaître la splendeur et s'en aller le proclamer factice et misérable !

M. Lasserre, qui ne cesse de dénoncer le vertige romantique, pourrait bien être lui-même une victime du vertige verbal. Son talent a quelque chose de torrentiel. Il part en guerre contre le romantisme

avec mille fanfares. Sa phraséologie en-
diablée témoigne certes de brillantes ressources, mais nous force à le ranger à
regret au nombre de ces écrivains que
précisément il abhorre. Procédant à coup
d'images agressives et quelque peu désor-
données, sa mimique indiscrète eût épou-
vanté nos classiques. Il y a en lui du
Michelet, mêlé d'un peu de Gaudissart.
J'avoue qu'il nous fait songer, par instants,
à ces jouvenceaux de la politique, qui
croient servir la monarchie en se livrant
à des gestes tapageurs, incongrus et volontairement dénués d'élégance. Ne sau-
rait-on vraiment, pour défendre Racine,
user d'une méthode un peu moins
bruyante ? M. Lasserre a au surplus bien
trop d'esprit et de talent pour ne pas
aspirer lui-même à atténuer sa manière
et, si j'ose dire, à être quelque chose de
mieux que le camelot du classicisme.

Ce même besoin de s'embrigader, de
prendre parti pour ou contre une doctrine,
se manifeste dans l'œuvre de Nietzsche

avec une force singulière. Mais la personnalité de Nietzsche étant une des plus riches qui se puissent concevoir, il se trouve que ses plus violents parti-pris stimulent la pensée et comportent, par surcroît, un magnifique enseignement. Et d'abord, en dépit du préjugé courant, une leçon de tolérance. Elle se dégage de ce précepte, dont la portée est si profonde : « Que te dit ta conscience ? Tu dois devenir qui tu es. » Nietzsche a mis certes bien de la véhémence à lutter contre la Morale, « cette Circé de l'humanité », qui, de nos jours, trouble et hallucine encore tant de consciences religieusement libérées. Qu'il soit loué d'avoir osé partir en guerre contre ce despotique fantôme ! Mais, s'il attaque la morale en soi, c'est au fond pour permettre à chaque homme de devenir le propre inventeur de l'art moral qui lui convient. Cette justification de la diversité, c'est tout le libéralisme. Et d'autre part, en exaltant, comme il l'a fait, les vertus de l'homme bien né : honneur, fidélité, courage, horreur de tout ce qui est déloyal et douteux, cet immoraliste a su rendre à la morale du Beau, la seule après tout qui importe, le plus souverain des hommages.

Il nous appparaît comme le *joyeux messager* d'une culture aristocratique dont il semble qu'il y ait de jour en jour plus d'urgence à défendre les droits. Devant l'enlaidissement de notre Europe, dominée par un humanitarisme sans force ni beauté, sorte de déchet du christianisme, qui en réunit tous les inconvénients sans même en avoir la grandeur, au milieu de la cohue des satisfaits et des médiocres, plats marchands de bonheur et de culture au rabais, Nietzsche n'a pas craint d'élever la voix, une voix d'une géniale éloquence, pour protester contre cette domestication du type humain et proclamer l'éternelle légitimité du règne des élites.

Puissent ses leçons hautaines n'être point perdues pour la démocratie. Puisset-elle comprendre que de tous les maux qui la guettent et qui auraient tôt fait de lui être mortels, le plus grave gît en elle-même, dans sa jalouse défiance à l'égard de ce qui est noble, désintéressé, héroïque et véritablement supérieur.

A PROPOS DE NIETZSCHE

A PROPOS DE NIETZSCHE

Une intelligence souveraine, faussée
par une sensibilité malade, un cerveau
admirable affolé par ses nerfs ; un esprit
étonnamment lucide, grisé par le parti
pris et la violence au point de perdre
toute mesure, intéressant jusque dans
ses crises les plus délirantes par je ne
sais quelle exaspération de la pensée où
le génie éclate, tel nous paraît le cas de
Nietzsche, de ce grand passionné dont
l'âme tumultueuse ne cessa de vibrer
d'amour ou de haine et qui fut, à cause

de cela, admiré et détesté plus qu'aucun
autre, suscitant lui-même cette haine et
cet amour qu'il avait prodigués, enfié-
vrant de sa pensée tous les hommes qui
pensent, digne, en un mot, du premier
rang comme l'un des plus prodigieux
excitateurs intellectuels que l'époque
actuelle ait produits.

Histoire, religions, morales, musique,
art, philologie, tout captivait cette pensée
si vive, ce génie, quoi qu'on en ait dit, si
humain, que l'homme intéressait par
dessus tout, mais qui avait compris qu'on
ne le connaît pas avant d'avoir sympa-
thiquement étudié les produits de son
activité multiple. Et c'est ainsi qu'il allait,
demandant à chaque manifestation humaine de nous renseigner sur nous-
mêmes, mettant ses facultés de psychologue et de moraliste au service de ces
études si variées, dont chacune le rendait
plus fin moraliste, psychologue plus
avisé, jouissant enfin de ce plaisir, qui
est le plaisir suprême de l'intelligence,

de discerner en toute chose l'élément
original, différentiel, irréductible, d'opérer, dans la masse obscure des faits qui
nous entourent, de singulières sélections
et d'arriver ainsi, par ce travail de décou-
pure personnelle, qui est la fonction
même de l'esprit, à distinguer ce que le
vulgaire confond, à mettre en relief les
idées et les systèmes et à mieux jouir de
chacun d'eux dans la mesure où ils s'opposent et, en s'opposant, se complètent.

Si Nietzsche avait été une pure intelligence, peut-être en serait-il demeuré là.
Les possibles contradictoires qui four-
millent en lui et y frémissent se seraient
librement développés en des directions
diverses. Mais il était doué, comme on
le sait, d'une sensibilité extraordinaire.
Cette sensibilité, qu'il portait en lui, toute
frissonnante, et qu'un tempérament maladif, joint au culte qu'il eut, de bonne
heure, pour la musique, ne pouvait qu'af-
finer, lui commandait une autre attitude,
et de prendre parti.

Faut-il s'en plaindre, regretter qu'au feu des passions, sa pensée ait perdu de son calme, son jugement, de sa tolérance ? Que Nietzsche, pour tout dire d'un mot, au lieu d'une manière de Renan, soit devenu lui-même ? Quand on songe à tant de pages qui n'auraient pas été écrites, les plus pathétiques du maître, toutes frémissantes de colère indomptée, d'une verve audacieuse, d'un lyrisme éperdu de prophète, les regrets disparaissent. Mais la vérité, dira-t-on, ne risque-t-elle pas de disparaître, elle aussi ? Si c'est à craindre, tant pis pour la vérité.

Quoi qu'il en soit, rien n'est plus curieux que le besoin de ce vaste esprit, qui était fait pour tout explorer et tout comprendre, de se limiter, en quelque sorte, lui-même, en limitant ses sympathies, et de s'acharner à méconnaître certaines formes de l'art et de la sagesse humaines, comme pour mieux en pouvoir glorifier toutes les formes opposées.

Son évolution à l'égard de Wagner est bien significative de cette tendance et de ce que j'appellerais ce besoin maladif de prendre parti à tout prix. Sensitif et vibrant comme il l'était, Nietzsche devait, plus qu'aucun autre, être ébranlé par la musique du Maître et saluer en lui le génie des temps modernes qui a su le mieux exprimer la douloureuse angoisse de notre âme troublée par les antinomies, imprégnée des vaines notions de bien et de mal, de vertu et de péché, y croyant encore, tout en les sentant funestes et désespérément ballottée entre elles. Tandis, en effet, que des musiciens inférieurs en somme, bien que d'un charme très grand, ne nous font pas sortir du domaine de la chair et du rêve dont leur musique est comme la fleur exquise ; tandis qu'avec d'autres, nous sommes de plain-pied dans l'idéalité la plus haute, Wagner nous fait continuellement passer du domaine de l'égoïsme et de l'animalité à celui de l'esprit, nous jetant brusquement de l'un à l'autre, nous donnant ainsi l'impression si dramatique du duel qui se poursuit au fond de nous, et ne nous faisant, semble-t-il, entrevoir l'idéal que pour mieux faire, à sa lueur, constater notre misère, condamnés que nous sommes à y tendre sans pouvoir y prétendre et à en être troublés juste assez pour y aspirer et pour comprendre, après chacune de nos aspirations, qu'elles nous laisseront à jamais incapables de nous hausser jusqu'à lui, impuissants à l'atteindre.

Ce qu'une telle lutte a de profondément humain, de propre à faire réfléchir le philosophe, tout en troublant les âmes les plus simples, Nietzsche le sentit mieux que personne. Mais, en esprit avisé qu'il était, il ne s'en est pas tenu là. Wagner ne le fascina pas au point de lui masquer des génies moindres, et c'est ainsi qu'avec cette exagération dans le vrai qui le caractérise, il alla chercher, pour le lui opposer, l'auteur de Carmen, Bizet, en

qui il s'ingénie à découvrir tous les éléments d'un idéal inverse : la sérénité
opposée au trouble, la perfection ache-
vée, finie, opposée à l'art de Wagner
comme l'art classique à l'art moderne,
tout ce qui fait enfin de Bizet à ses yeux
le radieux représentant de la grâce latine
et du génie *méditerranéen*.

Que Nietzsche ne s'en est-il tenu là !
Mais point. Non content d'opposer entre
elles deux formes d'art, ce qui est tout
profit pour chacune des formes ainsi
opposées comme c'est toute joie pour
l'intelligence qui les oppose, il lui faut, à
toute force, prendre parti. Or, Wagner
inquiète en lui le névrosé, le malade
maladivement épris de santé et de force.
Puisqu'il lui faut absolument choisir,
c'est donc l'art wagnérien qui va être
sacrifié. Et ce sont alors ces pages si
emportées, si fulgurantes, où, sous les
épithètes haineuses, on ne peut s'empê-
cher de reconnaître que les procédés
wagnériens ont été saisis à merveille par

ce terrible adversaire (1), et l'on ne s'étonne que d'une chose, c'est qu'une telle compréhension soit accompagnée de haine au lieu d'aboutir à l'admiration et de s'épanouir en amour.

Mais cette haine de l'art wagnérien considéré comme une production de décadence, une sorte de floraison maladive dont il faut se défier d'autant plus que son charme est plus fort et sa séduction plus irrésistible, cette haine n'est point un cas isolé dans la pensée de Nietzsche ; tout naturellement elle se rattache à une question autrement générale, à la grande querelle du paganisme et du christianisme, où Nietzsche prit parti d'une façon si décisive qu'il suffira, tout en développant nos vues, d'examiner son attitude dans la question pour saisir, comme sur le vif, sa manière de procéder et ce que j'appelle-

(1) Du moins par leur côté romantique, car ce qu'il y a de profondément humain dans cet art lui échappe.

rais le fonctionnement antithétique de
cette pensée belliqueuse.

*
* *

Tous les hommes ont un but brillant
qui les attire : le bonheur. Mais, comme
la diversité est la loi des êtres, comme il
n'existe point deux hommes absolument
identiques, mais que chacun de nous
forme un tout complexe et infiniment
nuancé qui échappe à la ressemblance,
c'est par les chemins les plus divers, pour
ne' pas dire les plus opposés, que se
poursuit cette course incessante de tous
vers le bonheur.

Cependant, si l'on voulait tenter de
classer en deux catégories ces aspirants
à la joie qu'au fond nous sommes tous,
il faudrait distinguer ceux qui pour-
suivent, grâce à un développement harmonieux de leurs facultés, un bonheur
naturel, et ceux qui, faisant intervenir

dans la recherche du bonheur une notion métaphysique de loi et d'idéal, soumettent, comme pour l'épurer, leur bonheur à cette loi librement établie par eux.

Et ces deux sortes de sagesses, toutes deux suspendues à l'idée de bonheur (car si l'une commande de le réaliser ici-bas, l'autre n'ose pas aller jusqu'à en nier la nécessité et se contente de l'ajourner) sont celles, en somme, que le paganisme et le christianisme ont successivement offertes au monde.

Au sens naturel le plus large, on pourrait définir le bonheur : le sentiment d'une activité harmonieuse et durable. Le bonheur serait donc une résultante, celle du développement normal et conscient de nos facultés. C'est ce que les Anciens avaient si bien compris. L'homme qui veut atteindre la félicité essaiera donc de se réaliser selon sa loi, de s'épanouir, de s'exprimer d'après son essence, et cet épanouissement de l'âme correspondra nécessairement pour elle à une plénitude d'existence. Mais, se sentir être pleinement, n'est-ce pas par là même ouvrir largement en soi les sources du bonheur ? Cette sécurité dans l'être, cette eurythmie réalisée par laquelle les éléments qui nous composent se distribuent avec sagesse ne sont-elles pas autant de conditions d'une félicité infiniment haute et durable ?

Cependant, il ne faudrait pas croire que, pour parvenir à cet état de joie, l'effort fût inutile ; chacun de nous doit veiller, en effet, à assigner aux divers éléments de sa nature le rôle exact qui leur convient, à accorder entre elles, harmonieusement, toutes les parties de son âme.

Par exemple, nous ne serions plus dans les conditions du parfait bonheur si nous laissions prendre à notre sensibilité une trop grande place : celle-ci étoufferait en nous l'intelligence, qui doit garder son rang. C'est d'ailleurs l'idéal de l'esprit classique, cher à Nietzsche, qui consiste à fixer l'harmonie des sentiments et de la raison et, selon une formule de M. Lasserre, à *composer l'ordre avec l'anarchie, par la hiérarchie.*

On voit comment la recherche de l'état joyeux repose sur un effort, tout intellectuel d'ailleurs, pour donner à chacun de nos éléments la valeur qu'ils méritent, les disposer dans l'ordre et édifier ainsi de nos mains la cité de notre bonheur. On voit également comment l'élément moral, qui semblait absent de nos préoccupations, se retrouve malgré tout sous la forme de l'effort : nous devons lutter pour établir en nous l'équilibre intérieur, et l'état de félicité qui résulte de cet effort se confond lui-même avec un état de moralité, état paisible qui nous garde éloignés de tout excès. Ainsi, pourrait-on dire, cherchant le bonheur, nous avons trouvé la vertu, et cette gratuité de la vertu ajoute à son charme, en même temps qu'elle augmente le caractère désintéressé de notre recherche.

C'est là le fruit de notre délicatesse morale : nous n'avons pas réclamé la vertu à grands cris ; nous n'avons montré à son égard nulle exigence, et, comme pour nous récompenser de notre exquise discrétion, elle se découvre à nous et se donne au moment où nous nous y attendions le moins.

Si tel est bien, comme il semble, ce qu'on pourrait appeler l'esthétique morale des Grecs, en son essence, si telle est la note fondamentale et comme le son moral que rendent toutes ces doctrines, nul n'hésitera à reconnaître le caractère hautement intellectuel et aristocratique, hautement aristocratique parce qu'intellectuel, de cette sagesse. Et, à cet égard, il nous paraît difficile de suivre jusqu'au bout M. Victor Brochard (1), lorsque, non content de distinguer au sein de la philosophie grecque deux grands courants formés par

---

(1) Nietzsche appréciait d'ailleurs l'auteur des *Sceptiques grecs*. Voir *Ecce homo*, trad. H. Albert, p. 51.

la morale de Platon, d'Aristote, des Cy-
rénaïques d'une part, de l'autre par les
Cyniques, les Stoïciens et Epicure, il va
jusqu'à opposer ces deux groupes, de la
façon la plus formelle, non sans exagérer,
dans ce but, le caractère populaire et
anti-aristocratique des doctrines du dernier groupe, relativement aux premières.
Et sans doute, une chose est certaine,
c'est que Platon, comme Aristote et Aris-
tippe, n'hésitent pas à compter parmi les
conditions du bonheur et par conséquent
de la sagesse (conditions secondaires, il
est vrai, mais néanmoins, à leur sens,
fort utiles) la santé, la beauté, l'aisance,
bref, une certaine somme jugée nécessaire
de biens extérieurs, de ces mêmes biens
dont les Epicuriens, d'accord avec les
Stoïciens et les Cyniques, prétendent au
contraire se passer, et qu'avec dédain ils
rejettent. Sans doute encore, il résulte de
ces différences que l'idéal de ces derniers,
dépendant davantage de chacun de nous,
dans la mesure où il dépend moins des

choses, présente par là même un caractère moins contingent, plus général et,
si l'on y tient, plus démocratique. Mais,
à vouloir ériger cette distinction en absolu, ne risquerait-on point de fausser les
faits en leur imposant une rigueur qu'ils
ne comportent pas ? N'oublions point que
la caractéristique de tous les systèmes de
morale grecque, sans exception, est d'être
profondément imprégnés d'intellectualité.
Pour un Stoïcien comme pour un Plato-
nicien, pour un Epicurien comme pour
un disciple d'Aristote, la vie du sage est
une œuvre d'art, la plus délicate de toutes
et la plus rare. Il y faut un zèle de tous
les instants, commandé par une pensée
ingénieuse et éprise d'harmonie, par une
intelligence alerte et toujours en éveil.
Et du moment que la pensée ordonna-
trice, que l'intelligence reste ainsi au premier plan, on conviendra que la question
du rejet des biens extérieurs ou de leur
utilisation en vue de la sagesse perd singulièrement de son importance. Qu'on les

regarde en effet, ou non, comme un des éléments constitutifs de la *vertu morale*, celle-ci n'en gardera pas moins son caractère nettement aristocratique de vertu conditionnée par l'intelligence et par conséquent, accessible à une élite et à elle seule.

Morale intellectuelle, morale aristocratique, voilà bien, selon nous, les traits essentiels de la sagesse antique. Morale, ajoutons, profondément humaine, en tant qu'elle se refuse à écarter de son sein aucune des tendances primordiales de l'homme, s'efforçant, au contraire, à employer toutes ses énergies, tous ses désirs, toutes ses passions pour les sublimer en quelque sorte et les faire collaborer, ainsi transposés, à la grande œuvre de la sagesse.

C'est ce que Nietzsche comprit à merveille et a rendu avec beaucoup d'éclat dans une page qu'il faut citer tout entière :

Ce qui est vraiment païen : *Peut-être*

n'y a-t-il rien de plus étrange pour celui qui regarde le monde grec que de découvrir que les Grecs offraient de temps en temps quelque chose comme des fêtes à toutes leurs passions et à tous leurs mauvais penchants, et qu'ils avaient même institué, par voie d'Etat, une sorte de réglementation pour célébrer ce qui était, chez eux, trop humain. *C'est là ce qu'il y a de vraiment païen dans leur monde, quelque chose qui, au point de vue du Christianisme, ne pourra jamais être compris et sera toujours combattu violemment. Ils considéraient leur trop humain comme quelque chose d'inévitable, et préféraient, au lieu de le calomnier, lui accorder une espèce de droit de second ordre, en l'introduisant dans l'usage de la Société et du Culte; ils allaient même jusqu'à appeler divin tout ce qui avait de la puissance dans l'homme, et ils l'inscrivaient aux parois de leur ciel. Ils ne nient pas l'instinct naturel qui se manifeste dans les mauvaises qualités, mais ils le mettent à sa place et le restreignent à certains jours, après avoir inventé assez de précautions pour pouvoir donner à ce fleuve impétueux un écoulement aussi peu dangereux que possible. C'est là la racine de tout le libéralisme moral de l'antiquité. On permettait une décharge inoffensive à ce qui persistait encore de mauvais, d'inquiétant, d'animal et de rétrograde dans la nature grecque, à ce qui y demeurait de baroque, de pré-grec et d'asiatique ; on n'aspirait pas à la complète destruction de tout cela (1).*

Cette morale, plus optative qu'impérative, si économe des forces humaines, si ingénieuse à les grouper en une vivante hiérarchie, toute de noblesse souriante, de raison et d'humanité nous semble digne, aujourd'hui encore, de passionner de nobles esprits. Ce n'est pas nous qui

(1) Humain trop humain, p. 132.

reprocherons à Nietzsche l'ardeur qu'il met à la défendre !

Mais pourquoi faut-il qu'ici encore, dédaigneux du pur plaisir qu'il y a à saisir la vérité, disons mieux, toutes les vérités contradictoires dont celle-ci est faite, et à comprendre chacune d'elles en les reflétant tour à tour, Nietzsche ait éprouvé le singulier besoin de prendre parti et d'agir, érigeant ses préférences en système, semblant faire de la haine du christianisme la condition même de tout culte de l'antiquité, condamnant celui-là au nom de celle-ci et s'exposant ainsi à ne rien comprendre à cette sagesse chrétienne « riche en sublime » qui, sans doute, n'est guère compatible avec l'autre, mais qui tire de cette incompatibilité même sa distinctive beauté, sa raison d'être et sa grandeur ? (1).

(1) Et puis, si peu chrétien que l'on soit, peut-on oublier que c'est l'esprit religieux qui a inspiré, en musique, les trois suprêmes chefs-d'œuvre : la Messe en *si* de Bach, la Messe en *ré* de Beethoven et *Parsifal* ?

C'est là pourtant ce que fait Nietzsche
quand, se lançant avec sa fougue de grand
combatif au milieu des systèmes, il se
met à dresser contre l'idéal chrétien le
plus furieux des réquisitoires, le condamnant en bloc au nom de je ne sais quel
idéal de santé et de force, sans se douter
que certaines maladies de l'humanité sont
plus intéressantes que l'état normal, et
de la vanité qu'il y a d'ailleurs, après
avoir proclamé que religions et morales
sont l'œuvre humaine par excellence et
comme la sécrétion naturelle de l'humanité créatrice, qui met ainsi ses facultés
d'invention au service de ses besoins du
moment, à venir ensuite s'irriter contre
ce travail naturel et s'insurger contre
l'inévitable.

Or, rien n'était moins évitable, à son
heure, que l'apparition du christianisme.
On a assez dit, depuis Renan, que ce qui
le caractérise, c'est d'avoir été une grande
poussée de l'idée de justice, une victoire de
la plèbe éprise d'égalité — et c'est précisé-

ment ce que Nietzsche lui reproche, ainsi qu'au socialisme — sur l'idéal aristocratique de l'ancien monde. (Du même coup cela fut d'ailleurs une revanche de l'esprit romantique sur l'esprit classique).

Tandis que la morale d'Aristote s'adressait à une élite et que la morale d'Épicure et celle des Stoïciens, plus démocratiques, n'en conservaient pas moins un caractère de haute intellectualité qui, toutes deux, les rendait, sinon inaccessibles, du moins singulièrement impropres à la vulgarisation, le christianisme présenta, d'emblée, tous les caractères opposés à ceux-là. Égalitaire, ascétique, contempteur de l'intelligence et de la beauté, comment n'eût-il pas été accepté avec enthousiasme par le peuple, à qui il offrait un idéal tout à la fois si élevé et, en un sens, si accessible ?

Telle paraît bien être, en effet, la grande nouveauté du christianisme, comme aussi la raison de son prodigieux succès populaire. Plaçant dans la bonne volonté pure et simple, en même temps que l'essence du devoir, l'unique condition de la vertu, il mettait du même coup celle-ci à la portée de tout le monde. Sorte de Kantisme avant la lettre, allant du *pouvoir* au *devoir* (1), partant de ce que chaque personne morale *peut* faire pour l'ériger en idéal, d'une universalité qui est en raison directe de la simplicité de ses exigences, comment une telle doctrine ne se fût-elle pas imposée aux masses et n'eût-elle pas été embrassée par elles avec ferveur ?

Pour elles, le christianisme réalisa ce tour de force d'ériger la souffrance en mérite et de la faire entrer dans la trame même de la sagesse, en lui donnant un

---

1. On n'ignore point que Kant se sert d'une formule toute contraire, puisqu'il prétend poser d'abord le devoir pour en déduire ensuite la liberté. Mais il ne serait pas difficile de prouver qu'il suit en réalité une marche inverse et que sa revendication héroïque du *devoir* ne s'expliquerait pas sans la singulière estime en laquelle il tient la liberté, considérée comme un postulat moral et comme le plus illimité des *pouvoirs*.

sens ici-bas, là-haut une récompense. Par
là, ne s'assurait-il pas d'avance la clien-
tèle de tous ceux qui souffrent et ne
savent pas souffrir, autrement dit, du plus
grand nombre?

Mais une autre raison du triomphe de
cette doctrine peut être cherchée ailleurs :
dans le retour à cet état d'innocence primitive, de pure ingénuité et de candeur,
dont l'humanité garde en elle le souvenir
confus et comme le regret effacé et que
le christianisme sut venir lui rappeler au
moment propice. Toute doctrine, qu'il
s'agisse des exhortations morales d'un
Luther, d'un Rousseau ou d'un Tolstoï,
qui évoque à l'humanité la mystérieuse
fraîcheur de ses débuts (1) et qui sait faire

1. Est-il besoin de faire observer que cette expression n'est pas prise ici à la lettre et qu'elle
correspond, non à une vérité absolue, mais à cette
espèce d'illusion d'optique intérieure qui fait que
l'humanité rapporte à un paradis perdu, plus ou moins
chimérique, ce qu'elle sent d'innocence et de bonté
en elle, érigeant ce sentiment en réminiscence, en

appel à ses forces intimes pour réveiller
en elle ce grand besoin de rajeunissement, cette fièvre de renaissance, est sûre
de réussir auprès des hommes, d'entraîner leur adhésion, de susciter leur amour.
Le christianisme primitif, qui présentait
avec tant de force chacun de ces caractères, ne pouvait, grâce à eux, que s'imposer au monde.

Enfin, il ne faut pas oublier que la
morale antique était plutôt une règle de
vie heureuse qu'une morale, au sens impératif et douloureux où nous sommes
habitués depuis des siècles à entendre ce
mot. Dès lors, ne faut-il pas tenir compte
de ce curieux besoin de *drame* qui est au
fond de l'humanité et qui lui fait, à certaines heures, préférer l'agitation au repos,
l'inquiétude d'une vie troublée à la paix

raison de son obscurité, et symbolisant par un recul
dans le passé la difficulté qu'elle éprouve à retrouver
ce sentiment au fond d'elle-même, sous la masse des
préjugés sociaux qui le recouvrent ?

d'une joie sans mélange ? A la veille de l'entrée en scène de Jésus, elle était travaillée d'un grand besoin d'émotions, d'un étrange désir d'être troublée (1) : le christianisme vint et n'eut pas de peine à la satisfaire.

Ce qui nous déplaît le plus, en effet, c'est une vie terne, ennuyeuse et morne. Or, c'est à une pareille vie que l'humanité aurait sans doute été condamnée, si elle n'avait imaginé à temps l'heureux expédient de la moralité. Cette moralité existait bien dans le monde grec, mais si atténuée, si imprégnée de raison et d'esthétique, si différente, en un mot, qu'il faudrait, pour la désigner, se décider, sous peine des plus graves contre-sens, à employer un autre terme. Le christianisme vint et,

1. Songez au culte d'Isis, où l'on usait et abusait de la flagellation (laquelle était d'ailleurs un plaisir en même temps qu'une expiation) et d'une façon générale, à la vogue, à cette époque, des religions à mystères.

renouant la grande tradition juive, en
précisa la notion, sut en comprendre à
nouveau le grand rôle et la portée. Ce
rôle, en effet, est immense. La morale
(Nietzsche appelle dédaigneusement son
aliment, la *moraline*) ne range-t-elle pas
toutes nos intentions et tous nos actes en
deux catégories : les actes bons et les
actes mauvais, nous commandant d'accom-
plir les uns et d'éviter les autres? Tous
nos actes tombent, dès lors, sous sa juri-
diction. Elle les contrôle et les sanctionne,
et le prix qu'elle y attache les revêt, aux
yeux de l'agent, d'un attrait tout spécial.
S'il fait le bien, il en jouit dans la mesure
où il en sait l'excellence. S'il fait le mal,
il en jouit encore comme on savoure un
fruit défendu et un péché commis en
pleine connaissance de cause. Qui donc,
après cela, s'insurgerait contre la morale?
N'est-elle pas la condition évidente des
plus délicates voluptés, formant, en quelque sorte, le sel de la vie et lui prêtant

ce charme inquiet que nous aimons en elle?

Ainsi, grâce au christianisme, les notions du bien et du mal se sont gravées avec une force nouvelle au fond des consciences; le sentiment de la responsabilité se trouva accentué dans les âmes; la femme, reléguée du monde antique, devint l'objet d'un culte nouveau, merveilleusement aveugle, et l'amour, décoré du nom de péché, perdit son caractère banal pour devenir chose plus complexe et, du même coup, plus troublante (1).

Voilà, certes, un premier avantage incontestable de la morale : s'attachant à la vie entière, donnant à chacun de nos actes un retentissement qui nous flatte, elle les empreint de je ne sais quel charme anxieux et quelle saveur spéciale qui satisfait, en même temps que notre

1. « Le Christianisme a donné du poison à boire à Eros : il n'est pas mort, mais il a dégénéré en vice. » (Par delà le Bien et le Mal).

amour-propre, ce goût intime pour l'émotion dramatique que nous portons au fond
de nous.

Mais il est un dernier avantage qu'il
convient de signaler : la morale, peut-on
dire, répond à l'un des principaux besoins
de l'homme, en tant qu'elle fixe un but
précis et unique à ses efforts. Ce but, qui
est le Bien, tout le monde y peut tendre.
Peu d'hommes y arrivent, mais qu'importe ? Ce qui les intéresse, c'est moins,
comme on sait, le but où ils tendent que
la course elle-même. C'est cette course
vers un objet brillant et insaisissable qui
satisfait leur besoin d'émotions et les
amuse. La morale ne serait-elle pas quelque chose comme la monomanie du Bien ?

Toutes ces vues pourraient, d'ailleurs,
être confirmées d'une façon indirecte,
pour peu que l'on réfléchît à ce que j'appellerais la réversibilité de l'art et de la
morale et, sous leur hétérogénéité apparente, à l'intime accord de leurs fins.

Deux principes, en apparence contra-

dictoires, mais s'expliquant fort bien l'un
par l'autre, se retrouvent, d'une façon
générale, au fond de la nature humaine;
c'est, d'une part, le besoin de se replier
sur soi-même et de jouir (ce fut le tour de
force de La Rochefoucauld de tout ramener à lui seul), d'autre part, le besoin de
communiquer avec les autres hommes par
la sympathie et de collaborer à leurs
jouissances; pour tout dire en deux mots,
c'est l'égoïsme et l'altruisme. La coexis-
tence de ces deux instincts n'a d'ailleurs
rien qui doive nous étonner, s'il est vrai
que la jouissance solitaire nous déplaît et
que nous sommes naturellement portés à
la partager avec d'autres, ne fût-ce que
pour rendre ceux-ci témoins de la nôtre.

Or, c'est ce double élément qui, sous
forme de perfectionnement intérieur et de
charité, fait le fond de la morale chrétienne, qu'on retrouverait également sans
trop de peine au fond de l'art. La première tendance de l'artiste est de s'écarter
des hommes et de jouir de son isolement.

Son originalité n'est-elle pas d'éprouver à l'occasion des mêmes choses d'autres sensations que les autres hommes? Un tel isolement est, jusqu'à un certain point, nécessaire à l'artiste, dont il flatte l'orgueil et accroît les puissances. Mais si l'artiste en demeure là et reste enfermé dans son individualisme, s'il est incapable, après avoir ressenti des impressions rares, de les transformer par son art, de manière à en faire jouir la plus grande somme possible d'humanité (1), il est clair qu'il n'aura accompli qu'une moitié de sa tâche.

L'art, cette activité féconde, ce grand principe d'union humaine, suppose nécessairement chez l'artiste, jointe à une sensibilité très vive, une faculté de large sympathie et d'universelle expansion. Tout artiste, à l'heure où il crée, se trouve momentanément libéré de l'égoïsme où

1. Et ce plus grand nombre possible ne sera toujours, bien entendu, qu'un très petit nombre.

il s'était d'abord nécessairement complu.
Son âme, peuplée de merveilleux fantô-
mes, les aime et, séduite par leur grâce,
essaye de les réaliser en beauté pour les
faire aimer de ses semblables. A la source
de toute création d'art se retrouve donc
·ce double élément : amour de l'idéal et
amour des hommes, qui se confond fina-
lement en un seul désir : celui de com-
munier dans le beau avec l'humanité. Et
qu'on n'objecte point le cas de ces subtils
artistes de décadence qui, pleins d'un
orgueil candide, prétendent non seulement n'écrire point pour le profane, mais
mettre volontiers leur gloire à en rester
incompris. Leur rêve d'artiste n'en est
pas moins le même; leur but ni leurs
prétentions ne diffèrent des autres : c'est
toujours de faire part de leurs émotions
intimes à leurs semblables. Seulement le
groupe de ces derniers est plus ou moins
restreint et, par une sage prudence, ils
répudient d'avance comme disciples ceux

qu'ils jugent incapables de s'attacher comme admirateurs.

Cependant, une difficulté se présente; l'art est malgré tout chose d'élite; très peu d'hommes sont capables d'en jouir, encore moins d'en créer. L'art ne s'attache pas à la vie humaine tout entière; les hommes sentent bien que c'est un superflu; et peut-être est-ce ce caractère aristocratique de l'art qui rendit précisément l'avènement de la morale inévitable.

Elles sont rares, en effet, les époques où l'humanité a présenté ce caractère d'une élite se suffisant à elle-même, d'une vaste aristocratie. Cela s'est vu pourtant deux fois, d'abord en Grèce, à Athènes; puis plus tard en Italie, aux jours brillants de la Renaissance. Et le spectacle qui, chaque fois, s'offrit, n'est-il pas significatif? La morale se dépouillant de son ascétisme, perdant son caractère impératif et ne consistant plus qu'à réaliser, ici, la vie la plus harmonieuse, et là la plus intense. On le vit surtout à la Renais-

sance, où le mot *vertu* finit par n'avoir
plus d'autre sens que celui de *virtuosité*.
L'art s'était emparé de la vie, les actes
les plus vulgaires en étaient embellis.
Dès lors, le but que les hommes poursui-
vent et qui pourrait bien être de donner
à chacune de leurs actions le plus possible de saveur, et cela en admettant le
moins possible d'actes indifférents, ce
but, qu'ils atteignent d'ordinaire par la
morale, ils l'atteignirent par l'art. On ne
parla plus d'actions bonnes ou mauvaises,
mais d'actions belles ou laides, et ces
dilettantes de l'exquise Italie en arrivaient
presque à jouir de la laideur elle-même
par la conscience affinée qu'ils avaient
de cette laideur, un peu comme le chrétien austère jouit de la faute qu'il vient
de commettre, dans la mesure où il pèche
en pleine connaissance de cause. Ce sont
deux vues très différentes et difficilement
compatibles, en raison même de leur
parallélisme, mais grâce auxquelles, sé-

parément, les hommes arrivent au même but et satisfont un même désir.

Mais si, comme on s'en aperçoit, ce n'est qu'à des époques très rares, et l'on peut dire exceptionnelles, que l'art se trouve assez universellement compris pour éliminer la morale et se dresser du même coup à sa place, qui s'étonnera du succès du christianisme auprès des masses, à l'époque où celles-ci, méprisées et écrasées par Rome, commençaient précisément à prendre conscience d'elles-mêmes, et où l'humanité inférieure, effrayée de son incapacité de jouir par l'intelligence ou par l'art, éprouvait les premiers besoins, en comblant ce grand vide, de se donner enfin une raison de s'affirmer et de vivre ? Le christianisme, ainsi appelé par les vœux des misérables, ne pouvait pas manquer de se propager en eux et, par eux, d'arriver au triomphe. Son triomphe fut, comme tous les mouvements populaires, insolent et brutal. Violemment, il prit le contre-pied de la vieille sagesse qu'il venait détruire, faisant « de la méfiance à l'égard des instincts une seconde nature », allant jusqu'à ériger en devoir tout ce qui est le plus désagréable à la nature humaine, faisant ainsi de l'ascétisme le plus sûr moyen d'atteindre le bonheur, et comme ce bonheur ne nous sera payé que dans l'autre monde, faisant pratiquement de ce moyen une fin en soi, un absolu (1).

Il est bon de remarquer, d'ailleurs, en passant, que le christianisme a mis beaucoup plus de temps qu'on ne se le figure communément et que Nietzsche lui-même semble le croire, à supplanter le paganisme dans l'empire. Ce qui a

1 *Le Génie grec me fit descendre sur la terre, et je la quittai quand il expira. Les Barbares qui envahirent le monde ordonné par mes lois, ignoraient la mesure et l'harmonie. La beauté leur faisait peur et leur semblait un mal. En voyant que j'étais belle, ils ne crurent pas que j'étais la Sagesse. Ils me chassèrent.*
Anatole France. — Réponse de Pallas Athéné à la Prière sur l'Acropole.

contribué à fausser les idées sur ce point,
c'est l'acharnement avec lequel l'Église
elle-même a faussé textes et traditions
pour faire croire que le succès du christianisme avait été immédiat et universel.
La vanité de chaque Église intéressée à
paraître fondée par un apôtre ou un disciple direct des apôtres contribua également
à propager ces falsifications. Par exemple : on fit évangéliser Paris par saint
Denis l'Aréopagite, disciple de saint Paul,
en le confondant avec un saint Denis,
martyr au IIIe siècle, etc...

D'une façon générale, le christianisme
pénétra rapidement à Rome, mais ailleurs
sa diffusion fut lente. Si les populations
orientales et les esclaves abandonnèrent
les religions helléniques, on sait que ce
fut d'abord pour le mitrhraïsme, les cultes
d'Atys, d'Isis, etc., et non pour le christianisme, lequel ne fit que se substituer
plus tard à ces cultes d'Orient. C'est
pourquoi, si au lieu de noter, comme
nous nous efforçons de le faire à la suite

de Nietzsche, les raisons morales du succès du christianisme, on s'attachait à faire
ressortir les raisons historiques de ce
succès, il faudrait parler tout d'abord du
triomphe de l' « orientalisme » et des raisons de ce triomphe : l'introduction si
large des femmes dans le culte et les ini-
tiations, la magie et les mystères de ces
religions, si propres à satisfaire le besoin
de religiosité des foules, l'avènement des
empereurs syriens et africains. Enfin,
parmi les faits qui concernent plus particulièrement le christianisme, il ne faudrait pas manquer de citer la destruction
de Jérusalem, qui eut pour effet d'aug-
menter la population juive des grandes
villes, Rome, Alexandrie ; le fait que les
familles vraiment autochtones, l'élite, est
liée par le foyer aux religions anciennes,
tandis que la masse de plus en plus
nombreuse des esclaves, affranchis, étran-
gers venus pour chercher fortune à Rome,
se soucient fort peu de ce culte ; l'idée
courante dans les premiers temps du

christianisme de la dépossession des riches au profit des pauvres, qui fit.son succès un peu comme les idées de mainmise sur les biens des émigrés et du clergé contribua à celui de la Révolution; enfin les banquets chrétiens où régnait la plus grande fraternité, et d'une façon générale, l'attrait pour les pauvres de ces associations qui flattaient leur amourpropre par l'égalité qui y régnait, tout en leur procurant d'ailleurs une foule de profits matériels.

Ce qu'une telle morale a d'essentiellement plébéien, Nietzsche ne cesse de le dénoncer avec véhémence.

A l'époque où les couches du Tchandâla, malades et perverties, se déchristianisèrent dans tout l'empire romain, le type contraire, *la distinction existait précisément dans sa forme la plus belle et la plus sûre. Le grand nombre devint maître, le démocratisme des instincts chrétiens fut victorieux..... Le Christianisme n'était pas « national », il n'était pas soumis aux conditions d'une race, il s'adressait à toutes les variétés parmi les déshérités de la vie, il avait partout ses alliés.* Le Christianisme a incorporé la rancune *instinctive des malades contre les bien portants, contre la santé. Tout ce qui est droit, fier, superbe, la beauté avant tout, lui fait mal aux oreilles et aux yeux. Je rappelle encore une fois l'admirable parole de saint Paul :* Dieu a choisi ce qui est faible devant le monde, ce qui est ignoble et méprisé ; *c'est là ce qui fut la formule :* in hoc signo, *la décadence fut victorieuse.* Dieu sur la croix, *ne comprend-on toujours pas la terrible arrière-pensée qu'il y a derrière ce symbole. Tout ce qui souffre, tout ce qui est suspendu à la croix est divin... Nous tous, nous sommes suspendus à la croix, donc, nous sommes divins... Le Christianisme fut une victoire ; une* opinion distinguée *périt par lui ; le*

Christianisme fut, jusqu'à présent, le plus grand malheur de l'humanité·(1).

Voilà bien le grief de Nietzsche contre le Dieu chrétien, ce *Dieu du grand nombre* comme il l'appelle, ce *démocrate*, ce *décadent*. Et cette vue sur le caractère plébéien de l'idéal chrétien nous paraît si vraie qu'on nous pardonnera d'y insister encore et d'essayer, par une argumentation détournée, d'en mieux faire, si possible, ressortir la valeur.

Bien peu d'hommes, si l'on y songe, en effet, ont une nature à la fois assez riche et assez équilibrée pour réaliser cet harmonieux épanouissement de leurs facultés que la morale antique prescrit comme idéal. Chez presque tous, l'intelligence et la réflexion, réduites à une part insignifiante, ne sauraient faire un contre-poids suffisant aux forces de l'égoïsme et de la sensibilité.

Que va-t-il donc arriver ? Cherchant

(1) *Le Crépuscule des Idoles*, p. 321.

naturellement le bonheur et le cherchant, comme tout être, dans l'activité de leurs facultés, ils développeront les unes démesurément par rapport aux autres. Ce seront des monomanes involontaires qui, incapables de se réaliser sous forme d'unité parfaite, se seront arrêtés en chemin, réduisant leur part de bonheur aux seuls plaisirs dont ils soient capables de jouir, aux plaisirs sensibles. Faut-il s'en étonner ? Nullement. Leur reprocher leur conduite ? Encore moins. La prédominance de l'élément sensible, critiquable peut-être chez d'autres, s'expliquant parfaitement chez ceux-ci en raison même du manque de facultés rationnelles capables de leur servir de contre-poids.

D'ailleurs, il faut se dire que cet état, bien qu'inférieur, n'en correspond pas moins, pour ceux qui s'y trouvent, à un bonheur relatif. Et d'abord, étant incapables de goûter la félicité supérieure de l'homme *complet*, il leur est difficile d'envier un bonheur qu'ils ignorent. Et puis l'état de monomanie n'est pas fait pour déplaire aux hommes en général. Ils aiment à se sentir violemment tendus vers un but et, tandis que la plus grande partie de leur être sommeille dans la torpeur, à se donner ainsi, à peu de frais, l'illusion de l'activité. Enfin on trouverait un nouvel élément de plaisir dans celui de former un tout sinon harmonieux, du moins original et rare. Et, par exemple, l'humanité n'aurait-elle pas perdu à l'absence de tels personnages monstrueux, tels monomanes grandioses, qui nous étonnent encore, nous captivent et finiraient presque, à force d'exciter notre curiosité, par nous arracher un rien d'indulgence ? (1) Cette curiosité, qu'ils nous inspirent, ils devaient en jouir par avance, et ce sentiment qu'ils dotaient l'humanité d'exemplaires fort rares, de-

(1) M. Faguet s'étonne de n'avoir pas trouvé dans les livres de Nietzsche un éloge de Néron.

vait, ce nous semble, les griser d'une griserie particulière.

Il est vrai qu'un tel genre de bonheur ne satisfait pas tout le monde. Parmi ceux qui le partagent ou qui risquent de ·s'y laisser entraîner, il est des mécontents qui aspirent à un bonheur plus haut, et ce mécontentement, marque de leur noblesse, constitue déjà un élément moral de la plus haute importance (1). Incapables de s'élever à un état d'harmonieuse béatitude, désireux, d'autre part,

(1) Reste à savoir, il est vrai, si ce mécontentement lui-même n'a pas une cause physiologique et si, par exemple, les scrupules de l'homme moral ne viendraient pas d'une certaine timidité toute musculaire, son sens douloureux du devoir, d'un naturel maladif et sans joie, l'esprit ne faisant ainsi qu'interpréter en son langage les défaillances et l'appauvrissement d'un tempérament malheureux. *Les morales ne sont qu'un langage figuré des passions*, a dit Nietzsche, et ailleurs il remarque finement : *La chose que nous faisons le mieux, notre vanité désirerait qu'elle passât pour être la plus difficile. Ceci pour expliquer l'origine de mainte morale.*

grâce à leur délicatesse innée, d'éviter l'état misérable, où les tiendrait la passion, que leur reste-t-il à faire pour assurer le salut qu'ils désirent ? Plus n'est pour eux qu'à recourir aux pénibles notions de devoir et de sacrifice.

On voit qu'ici la moralité, bien loin de suivre le bonheur, d'en être comme l'heureux achèvement, le précède et ne le laisse entrevoir que sous la forme d'une récompense infiniment lointaine. On voit aussi par là combien la moralité et le bonheur qui peut s'en suivre sont choses peu naturelles : ce sont, pourrait-on dire, de sublimes pis-aller à l'usage du grand nombre, des issues péniblement pratiquées pour donner essor à des âmes délicates, mais fragiles, trop faibles pour s'élever d'elles-mêmes à la sagesse.

Quoi qu'il en soit, plaçons-nous un instant au point de vue de ces âmes et voyons comment l'idée d'un devoir librement accepté peut les mener à un état de sagesse relative et de bonheur.

Jetées dans la vie dont les douleurs les
frappent d'autant plus qu'elles manquent
de la force nécessaire pour les surmon-
ter, comment vont-elles s'arracher à cette
vie qu'elles méprisent, comment vont-
elles se libérer ? Par un acte de foi.
L'idéal ne brille guère à nos yeux ? Elles
y croiront. Le devoir n'a aucune raison
d'être ? Elles le créeront. La loi ne s'impose aucunement à nous ? Elles s'y sou-
mettront. Et c'est de cet acte de foi et de
l'acceptation volontaire des devoirs qu'il
entraîne que découlera tout leur mérite.
Acceptant la loi, elles accepteront la
souffrance, le sacrifice et la lutte pour le
bien. Il n'y a pas, en effet, de vertu sans
une coercition imposée par la loi morale
aux instincts. Il faut donc que la volonté
s'acharne à détruire les penchants ou du
moins, à leur faire contre-poids. Cet état
de guerre où, selon l'expression d'un
jeune philosophe trop tôt disparu (1) :

(1) Vallier. *L'Intention morale.*

le Devoir traîne, brisés et chancelants, ses propres serviteurs, voilà, spécialement sous sa forme de vertu *souffrante*, voilà l'idéal.

Il est vrai que cet état douloureux, presque toujours définitif en pratique, est théoriquement transitoire. Il doit nous amener — combien rarement s'en charge-t-il, l'expérience le prouve — à un état supérieur qui lui, correspondrait à une forme libre et joyeuse de la vie humaine.

C'est alors l'état de la vertu *triomphante* dont parle Pascal, état de bonheur et de paix acheté au prix d'une période infiniment longue de sacrifices. Ainsi, l'unité de l'âme, la systématisation de nos dispositions intimes sous la loi efficace du bien, voilà le point culminant de la vertu. terme idéal auquel il est entendu que nul ne saurait prétendre avant d'avoir traversé une étape de combats plus ou moins longue et douloureuse.

Qu'on ne se hâte pas cependant de trai-

ter d'égoïste une telle recherche du bonheur, car ce bonheur, en somme, n'est
rien moins que certain. Qui nous dit
qu'après avoir souffert et peiné à la lutte,
la récompense tant désirée ne nous échap-
pera point ? Sommes-nous jamais sûrs de
l'avoir entièrement méritée ? Nous savons bien que nous avons souffert, mais
savons-nous si nous avons bien souffert,
et assez ? Témérairement, nous nous en-
gageons dans l'âpre chemin du devoir.
Sans doute, il aboutit, dit-on, au bonheur,
mais qui sait si, avant d'y atteindre, nous
ne tomberons pas, meurtris, sur la route ?
La témérité ici confine à l'héroïsme, et
cet héroïsme est d'autant plus beau qu'il
est volontaire. N'est-ce pas nous qui
avons affirmé la réalité de ce devoir qui
nous fait gémir ? Nous souffrons, parce
que nous voulons bien souffrir : de là
notre désintéressement et notre mérite.

Ainsi envisagée, la recherche de ce
bonheur moral, acheté au prix de la
souffrance, et d'ailleurs si rarement at-

teint, présente quelque chose d'héroïque, et peut-être pourrait-il sembler supérieur à ce bonheur naturel que nous avons analysé d'abord, s'il n'était, à l'examiner d'un peu près, artificiel au moins autant que sublime.

Sur quoi repose-t-il, en effet ? sur une affirmation gratuite ; et cette affirmation, sur quoi est-elle fondée à son tour, sinon, comme on l'a vu, sur la faiblesse de natures incomplètes et leur incapacité à s'élever d'elles-mêmes à un bonheur naturel et complet ?

Tel est, avec sa grandeur et sa fragilité, ce paradoxal édifice du bonheur construit par la morale chrétienne. Il ne repose que sur un mirage, mais c'est celui de la sensibilité elle-même, projetant son rêve profond sur les choses...

Pour achever de comparer ce bonheur à celui qui découle de la morale antique, un dernier point resterait à envisager : c'est ce qu'on pourrait appeler le pouvoir rayonnant de chacun d'eux et le souci du

bien général dont ils sont capables d'en-
flammer, tour à tour, les individus.

Il semble bien que, de part et d'autre,
ce souci soit le même.

L'homme qui est arrivé au bonheur par
un total épanouissement de son être souffre de voir auprès de lui d'autres êtres
misérables et incomplets. Aussi se pen-
chera-t-il vers eux pour aider à leur relè-
vement et faire revivre au profit de l'harmonie générale leurs facultés mortes ou
atrophiées. C'est une tâche ingrate et
souvent inutile ; mais il la tente. Jouissant d'une félicité intime qui le fait bon
et souriant, il rayonne naturellement,
répandant autour de lui la joie et la lumière.

Quant à l'homme qui n'est arrivé au
bonheur qu'après avoir combattu le dur
combat, lui aussi, une fois qu'il y a goûté
— trop souvent même avant ! — se hâte
d'y convier tous ses semblables. Mais
entre leurs deux charités il y a cette différence que l'un la fait par devoir, l'autre

au contraire, y étant poussé naturellement, et comme par une sorte de débor-
dement de joie intérieure.

Ici donc encore, c'est du côté de l'effort que nous apparaîtraient la supériorité
et le mérite, si une observation plus ap-
profondie ne venait réformer notre jugement et nous signaler notre erreur. Tout
homme, en effet, qui a un idéal, se croit
tenu de l'imposer à l'univers et, la diversité des natures lui échappant, prétend
les soumettre toutes à une même loi. De
là un prosélytisme féroce qui fait des personnes les mieux intentionnées d'infati-
gables racoleurs d'âmes, vrais sergents
recruteurs, à la solde de l'Eternel..... Et
non seulement un tel zèle est indiscret et
importun, mais très souvent, il n'a aucune
raison d'être. Car pourquoi imposer des
notions rigoureuses de devoir et de sacrifice à ces âmes naturellement heureuses,
qui n'en ont pas besoin ? Pourquoi faire
gravir le dur chemin à ceux qui, par une
pente insensible, ont su s'élever aussi

haut ? Mais c'est précisément ce que l'homme du devoir comprend avec peine. Ayant lui-même souffert et lutté, il envie et condamne à la fois le bonheur de l'homme qui n'a ni lutté ni souffert. Celui-ci, au contraire, accepte l'homme du devoir tel qu'il est, bien plus, le comprend et, jusqu'à un certain point, l'admire. De là sa supériorité faite de sympathie, d'indulgence et de compréhension (1).

(1) Saint-Evremond a écrit, là-dessus, de jolies choses :

L'état de vertu n'est pas un état sans peine. On y souffre une contestation éternelle de l'inclination et du devoir. Tantôt on reçoit ce qui choque, tantôt on s'oppose à ce qui plaît : sentant presque toujours de la gêne à faire ce que l'on fait, et de la contrainte à s'abstenir de ce que l'on ne fait pas. Celui de la sagesse est doux et tranquille. La sagesse règne en paix sur nos mouvements, et n'a qu'à bien gouverner des sujets, au lieu que la vertu avait à combattre des ennemis.

A M. le Maréchal de Créqui, qui m'avait demandé en quelle situation était mon esprit.

*
* *

Ce n'est pas après avoir essayé de rendre, avec toute l'impartialité dont nous sommes capable, la valeur de ces deux sagesses et les mérites respectifs de chacune qu'on peut s'attendre à nous voir prendre parti à la façon violente de Nietzsche et épouser les antipathies de cette nature excessive.

Tout ce qu'on peut dire, et ce qu'il faut même proclamer très haut, c'est que, si l'on fait abstraction des injures superflues dont il accable le christianisme, Nietzsche en a merveilleusement saisi la physionomie propre et le caractère. Sentimental, amollissant, morbide, tel il lui apparaît dans son essence, et ces conclusions si nettes sont trop voisines des nôtres pour que nous hésitions à y adhérer.

Et d'abord, il est certain que le sens du

relatif et de l'éphémère, autant dire le
sens de la vie, échappe au christianisme.
Celle-ci ne vaut-elle pas, en effet, par l'i-
dée de la mort qui, en la dominant, la
limite, et la revêt de cette grâce infinie
des choses destinées à périr ? Avec quelle
ardeur n'extrait-on point de la vie toutes
les joies qu'elle contient en puissance
(joies du savoir, joies de l'art, de l'amitié
ou de l'amour) quand on sait que ces joies
n'ont qu'un temps et que leur intensité
même est en raison du caractère éphémère, vraiment unique, de chacune d'elles ! Mais c'est précisément ce caractère
fugitif et chatoyant, cette mobilité charmante et pour tout dire, ce caractère inédit de l'existence que le christianisme
méconnaît dans la mesure où il désespère
de la vie, la désenchante et la condamne
à n'être qu'une phase de douleurs néces-
saires, une sorte de mort lente et comme
l'humble prélude de cette vie, seule défi-
nitive et seule vraie où, joies et souffran-

ces, tout sera alors éternel, absolu, irrévocable (1).

Mais il y a plus, le christianisme, en un sens, a inventé l'âme humaine — ou du moins cette conception de l'âme considérée non plus comme un simple principe de mouvement, mais comme un dépôt sacré dont nous sommes responsables — et, ce faisant, il a apporté aux hommes la notion la plus grosse de troubles qu'il soit possible d'imaginer. Quoi de plus troublant, en effet, que cette notion, brusquement introduite au cœur de l'humanité, d'une âme dont chaque individu est comme le sanctuaire, sorte de parcelle de la divinité, d'un prix si inestimable que Dieu n'a pas hésité à la racheter de son sang et qu'ainsi rachetée, elle a l'insigne

(1) Est-il besoin de faire observer que la doctrine de l'*Eternel Retour*, chère à Nietzsche, est aussi antichrétienne que possible puisque, bien loin de méconnaître le caractère éphémère de l'existence, elle érige cet éphémère lui-même en absolu ?

privilège d'émouvoir Dieu lui-même, de
l'attrister de chacune de ses fautes, de le
réjouir de ses mérites, enfin, de contri-
buer à la vie divine par la plus insignifiante de ses actions ? Comment les hommes, brusquement placés sous une dépen-
dance aussi glorieuse, n'eussent-ils point
senti naître en eux, du même coup, un
sentiment démesuré de leur valeur ?
Comment d'autre part, un Dieu aussi ten-
drement penché sur chaque âme, sensible
à chacune de ses pensées, à ses intentions
les plus secrètes, ne fût-il pas devenu
l'objet du culte le plus délirant et le plus
tendre ? Or, c'est le propre de toute tendresse d'être éminemment subjective, de
se ramener, en fin de compte, à un acte
d'attendrissement sur soi à propos d'un
autre. (Si le peuple était philosophe, il y
a beau temps qu'il aurait fait *aimer*
verbe neutre). On le voit bien tous les
jours dans cet étrange besoin qu'éprou-
vent les amoureux d'avoir, à certaines
heures, quelques fautes à se reprocher,

pour s'attendrir un moment sur leur cas
et savourer ensuite les joies d'un pardon
plus ou moins théâtral et d'une réconci-
liation émouvante. De même, pourrait-on
dire ici, il n'est pas de chrétien qui n'é-
prouve le secret besoin d'accentuer ses
propres torts et d'exagérer sa faiblesse,
pour se jeter dans le sein de l'amant divin avec un plus délicieux abandon, goû-
tant dans ce don total une volupté singulière et mettant dans l'appui de ce
Dieu-soutien toute sa confiance et sa
joie (1).

*L'homme religieux, tel que le veut
l'Église, est un* décadent-*type ; l'époque
où une crise religieuse s'empare d'un
peuple est chaque fois marquée par une
épidémie de maladie nerveuse ; le* monde intérieur *d'un homme religieux ressemble, à s'y méprendre, au* monde in-

_____

(1) Un humoriste prétend même que beaucoup ai-
meraient d'être traités par Dieu comme Jean-Jacques
aimait de l'être par Mademoiselle Lambercier.

térieur *d'un homme surmené et épuisé ;
les états* supérieurs *que le christianisme
a mis au-dessus de l'humanité, comme
valeur de toutes les valeurs, sont des
formes épileptoïdes. L'Eglise n'a cano-
·nisé que les déments ou les grands im-
posteurs* in majorem dei honorem... *Je
me suis une fois permis de regarder
tout le* training *de la béatitude et du salut chrétiens (qu'aujourd'hui on étudie
le mieux en Angleterre) comme une
folie* circulaire *méthodiquement repro-
duite sur un terrain foncièrement morbide, préparé d'avance. Personne n'a le
libre choix de devenir chrétien : on
n'est pas converti au christianisme, il
faut être assez malade pour cela... Nous
autres, qui avons le* courage *de la santé
et aussi du mépris, combien* nous *avons
le droit de mépriser une religion qui
enseigne à se méprendre sur le corps,
qui ne veut pas se débarrasser de la
superstition de l'âme, qui fait un* mérite
de la nourriture insuffisante, qui com-

bat dans la santé une sorte d'ennemi, de démon, de tentation, qui s'était persuadée que l'on peut porter une âme parfaite *dans un corps cadavéreux et qui a encore besoin de se créer une nouvelle idée de la* perfection, *un être pâle, fanatique, idiotement maladif, la* sainteté, *qui n'est elle-même que le symptôme d'un corps appauvri, énervé, corrompu... Le mouvement chrétien, en tant que mouvement européen, est créé dès l'abord par l'accumulation des éléments de rebut et de déchet de toutes espèces (ce sont eux qui cherchent la puissance dans le christianisme). Il n'exprime point la dégénérescence d'une race, mais il est un conglomérat et une agrégation des forces de décadence venant de partout, accumulées et se cherchant réciproquement (1).*

Tel est bien le christianisme pour Nietzsche et tel, mais sarcasmes en moins,

_____

(1) Le Crépuscule des Idoles, p. 320.

nous le jugeons aussi. Cette sagesse, d'un
charme malgré tout si troublant, sorte de
philtre à l'usage de ceux qui souffrent, il
serait tout aussi puéril, croyons-nous,
d'en nier l'intérêt que d'en méconnaître
l'efficacité à apaiser un grand nombre
d'âmes et à les guérir. Ces âmes sont, il
est vrai, au double sens du mot, les plus
communes. Mais qui ne voit que cette
application au commun est la condition
même des religions et ce qui, en face des
systèmes philosophiques, leur constitue
une raison d'être et une enseigne ? Il est
vrai également que, pour guérir les âmes,
le christianisme a commencé par les dé-
clarer malades et qu'à force de parler aux
hommes de leurs misères, il n'a pas manqué de les affaiblir, leur inoculant en
quelque sorte, par suggestion, ces mêmes
maladies qu'il s'offrait à guérir. Mais,
comme le dit Renan, « les mots de sain
et de malade sont tout relatifs et qui
n'aimerait mieux être malade comme

Pascal que bien portant comme le vulgaire ? »

De plus, n'oublions pas que toute éclosion suppose nécessairement un milieu
favorable et qu'à ce titre, le christianisme n'a pu réussir à son heure que dans
la mesure où il répondait à des besoins
vraiment profonds (1). Dès lors, n'est-il
pas singulièrement enfantin de le regarder comme une sorte de mal venant
fondre du dehors sur l'humanité, alors
qu'il en fut, au contraire, le fruit éminemment naturel et comme l'éclosion
inévitable ?

Enfin, on ne se dit pas assez que tout
système de sagesse est un tout organique
dont les différents éléments se complètent

---

(1) Nietzsche s'en rend compte (Voir : *Par delà le
Bien et le Mal*, p. 108 et suivantes). Il le pense, il
l'écrit, mais aussitôt l'oublie. Renan a pourtant écrit
quelque part : « Prenons-y garde ; les grands airs
d'abstention et de sacrifice ne sont souvent qu'un
raffinement d'instincts qui se contentent par leur
contraire ».

et où vertus et défauts, grandeurs et faiblesses s'impliquent rigoureusement et
réciproquement se supposent : toute foi
vraiment ardente étant, par exemple,
inséparable d'un certain fanatisme, tout
renoncement et toute chasteté, d'une
tendance à l'ascétisme, toute pitié, d'une
sorte de faiblesse d'âme chronique, etc...
Dès lors, l'attitude qui s'impose au philosophe n'est-elle pas, tout en décompo-
sant hardiment ces systèmes de sagesse,
d'en considérer l'ensemble avec sympathie ? Cette sympathie, toute religion,
toute œuvre d'art, toute morale la mérite, l'exige même, puisque toute œuvre
a été le fruit de l'amour d'un artiste pour
elle. Le meilleur moyen d'entrer pleinement dans l'intelligence de cette œuvre,
c'est donc de se replacer par la sympathie
dans l'état d'âme exact de celui qui en
fut l'auteur. En critique comme en toute
chose, la seule loi féconde est celle de
l'amour.

Nietzsche ne l'a pas cru. Sa sensibilité

malade faussa sur ce point son intelligence, qui était saine. Cette sensibilité surexcitée est si bien le moteur essentiel de la pensée de Nietzsche que, après avoir inspiré et échauffé toute sa critique; c'est elle encore que l'on retrouve à la source de sa doctrine positive. Visiblement, en effet, la morale du surhomme a été construite en antithèse avec la morale chrétienne. C'est une leçon d'orgueil et d'athlétisme moral à l'usage d'une élite, triomphalement opposée aux leçons d'humilité et de pitié que le christianisme prêche à tous.

Nietzsche se sert du christianisme comme d'une sorte de tremplin destiné à donner à sa pensée l'élan nécessaire pour constituer un système rival qui n'est que la contre-partie hautaine du premier. C'est donc, ici encore, par une réaction de sa sensibilité que procède la pensée de Nietzsche et que sa conviction s'élabore. *Nietzsche contre Nietzsche*, tel pourrait être le titre d'une étude qui reste à faire.

Son intelligence, d'un délié si remarquable, le disposait merveilleusement à sympathiser avec tout, autrement dit, à tout comprendre, à se complaire au spectacle charmant de la bigarrure des systèmes et à extraire de chacun d'eux l'essence, en se gardant d'en proscrire aucun. Et de fait, il excelle, en opposant les idées entre elles, à les mettre en relief de la façon la plus heureuse ; mais, au cours même de ce travail et comme pour se prouver à lui-même la force de ces oppositions, on le voit prendre parti tout-à-coup, s'irritant contre certaines tendances (judéo-christianisme, socialisme, wagnérisme) comme pour mieux s'éprendre des autres, et s'éprenant, avec une affectation virile qui fait sourire, de tout ce qui lui paraît représenter la santé, la virilité et la puissance (1).

(1) « De ma volonté d'être en bonne santé, de ma volonté de vivre, j'ai fait ma philosophie ». *Ecce homo.*

Et rien n'est plus étonnant que cette adoration de la force (1) chez un spéculatif de cette trempe. Je lui comparerais volontiers Stendhal, avec cette différence que, d'un tempérament tout opposé à celui de Nietzsche, vigoureux, sanguin, pratiquant l'action en connaisseur convaincu de son excellence, son cas, moins paradoxal, est aussi moins intéressant. Tous deux, peut-on dire, s'éprirent également de la force et furent des dévots de l'idée de puissance ; mais ce fut besoin d'action pure et simple chez Stendhal, chez Nietzsche, besoin de réaction. En cela, il est lui-même un cas, et des plus singuliers. Sorte d'intellectuel ivre, à genoux devant les « grandeurs de chair », immoraliste par excès de sincérité morale, âme très tendre éprise de dureté,

(1) De la force morale d'ailleurs autant que de l'autre. « L'essentiel et l'inappréciable dans toute morale, c'est qu'elle est une longue contrainte ». *Par delà le Bien et le Mal.*

bourgeois fou d'aristocratie, romantique amoureux du classique, sceptique doublé d'un croyant, tout est contraste en cet homme.

Quant à son style, si paradoxal, d'un romantisme effréné, plein de soubresauts inattendus et de contrastes, en même temps exalté et moqueur, débraillé et somptueux, familier et superbe, il est comme le reflet du penseur, l'écho vibrant de ses contradictions.

Ce rêveur arrogant fut un écrivain de grande allure. Son œuvre altière restera l'un des plus magnifiques recueils de blasphèmes de l'humanité. Fort et sincère, il le fut au plus haut point, et qu'est-ce que le génie sinon une sincérité intense ? Mais qu'est-ce aussi que la force sinon, presque toujours, le privilège des incomplets ? On est original, le plus souvent, par ce que l'on n'est pas. Avec toute son originalité, cet idéologue exaspéré est loin de réaliser pour nous le type idéal du penseur. A la fois intellectuel et sen-

sitif à l'excès, rarement plus de sensibilité déforma plus d'intelligence. Fanatique
d'indépendance, il fut l'esclave de ses
antipathies ; grand ennemi des préjugés,
il ne sut pas se libérer de celui de haïr.
Ce Pascal de la libre-pensée en fut trop
souvent le Veuillot.

Saluons en lui, non pas peut-être un
philosophe (il ne mérite qu'imparfaite-
ment ce titre), mais un poète aux vues
profondes, un humoriste pathétique, un
observateur aigu et peut-être, de tous les
francs-tireurs de la philosophie, le plus
brillant et le plus brave.

UNE PHILOSOPHIE

DE LA SENSIBILITÉ

UNE PHILOSOPHIE

DE LA SENSIBILITÉ

Ceux qui suivent avec quelque attention le mouvement de la pensée philosophique, en France du moins, sont
frappés d'une transformation radicale qui
depuis peu s'y opère. Au lieu de s'isoler
systématiquement des manifestations de
la nature et de l'action, comme y tendait
récemment encore la philosophie classique, cette nouvelle philosophie est
accueillante et compréhensive. Elle n'est

plus une méditation solitaire. Elle suit
le siècle dans ses préoccupations, même
profanes ; elle s'applique aux phénomènes
de la croyance, de l'art, de l'histoire : elle
s'humanise, elle se modernise. Chez ses
représentants les plus récents, on va
jusqu'à retrouver, transposés bien entendu sous forme d'analyse et de description,
tel frémissement de pensée, tel thème
artistique et romantique qui ont fait la
fortune de M. Barrès, par exemple, ou de
M. Loti.

M. Bazaillas est justement du nombre. Il n'est pas de ces philosophes
pour qui le monde intérieur seul existe.
L'expérience sensible, source de toute
pensée féconde, alimente la sienne et
l'enrichit à souhait. Il accorde à la vie le
droit d'être intéressante. Celle-ci le lui
rend. Elle imprègne ses livres, leur prêtant je ne sais quelle grâce flexible qu'on
goûte mieux qu'on ne l'exprime, car elle
échappe à l'analyse.

Au surplus, la méthode analytique,

propre à rendre compte des ouvrages où la logique règne, conviendrait bien mal à ceux-ci. Ennemi de l'entendement, dont il dénonce les mirages, M. Bazaillas se défie de ses clartés menteuses. Sa pensée met comme une pudeur à demeurer dans la pénombre. Gardons-nous donc de l'exposer à une lumière trop vive. L'intelligence intime de son œuvre est à ce prix.

Si originale que soit, jusqu'à présent, cette œuvre, elle ne s'en rattache pas moins à un effort collectif, multiplié en plus d'un point de la pensée contemporaine. Le dogmatisme, qui prétendait ramener l'être aux lois théoriques de l'esprit, se trouve, à l'heure actuelle, tout-à-fait dépassé. Nous ne craignons pas de faire, dans nos recherches, une part grandissante au spontané, au contingent, à l'irrationnel, ni d'aborder l'étude des états de « raréfaction intellectuelle » les plus malaisés à décrire. M. Bergson regarde la conscience comme une crise accidentelle n'exprimant qu'une organisa-

tion provisoire de certains états dominés par l'attention à la vie. Pour cette philosophie, le sentiment, l'instinct, seraient donnés antérieurement à l'intelligence et se développeraient d'après les lois d'une logique indépendante.

Le maniement des faits de conscience s'entendra dès lors d'une façon nouvelle. On recourra à l'intuition, car comment atteindre autrement ces états si mobiles, variables à l'infini et qui traduisent, par leurs métamorphoses, l'inépuisable fécondité de la vie intérieure ? Si dialectique il y a, elle sera en profondeur. Il ne s'agira plus de manipuler des concepts, tâche toujours un peu grossière, ni de remonter, par une chaîne de raisons, à des principes clairement conçus, mais, suivant une marche inverse, d'atteindre ces données personnelles, les plus obscures parce que les plus intimes, où se révèle, dans la singularité de l'être, tout ce qu'enferme la personne humaine de périssable et de charmant.

Le moi réfléchi n'étant plus le centre de l'optique intérieure, l'inconscient acquerra du même coup une valeur que ne lui soupçonnait pas la philosophie des idées claires. Il reprendra sa place dans la vie globale de l'esprit et n'apparaîtra rien moins que le corrélatif de la pensée, son très subtil et très profond inspirateur.

De la sorte, c'est tout un procès en révision qu'on s'apprête à instruire : celui de la sensibilité et de la vie affective, trop souvent sacrifiées aux fonctions logiques de l'esprit, à nos facultés raisonnantes, raisonneuses et soi-disant supérieures.

Le propre des procès de ce genre est de n'aller jamais sans conteste. Le dernier livre de M. Bazaillas a dû étonner de bons esprits. De fait, si l'on reconnaît aux poètes le droit de glorifier la passion, on attribue communément aux philosophes une fonction un peu différente. Interprètes attitrés et défenseurs de la raison, ce rôle officiel leur confère comme une majesté. L'éloge de la sensibilité semble passer leur compétence. C'est du moins l'opinion qui domine. Des livres comme ceux de M. Bazaillas aideront beaucoup à la détruire.

Le dernier traite de l'inconscient, mais sans en aborder immédiatement l'étude (1). C'est que celle-ci veut toute une préparation subtile de l'esprit. La musique, art de l'inconscient, sera chargée de cet office. M. Bazaillas commence donc par nous parler d'elle, et il y a bien de l'ingénieux dans l'idée même de ce détour.

Psychologue avant tout, il voit dans la musique le moyen de nous restituer le travail secret de la sensibilité humaine et de nous ramener insensiblement au sein d'un monde intérieur dont elle nous révèlera les détours et les inflexions les plus fines.

(1) *Musique et Inconscience, Introduction à la philosophie de l'inconscient,* par Albert Bazaillas. Alcan.

Aussi bien, cet art exerce-t-il sur nous une action merveilleuse. Etranges sont ses procédés, et comparables à ceux de l'hypnose. M. Bergson avait déjà signalé son objet comme étant d'endormir les puissances actives et résistantes de la personnalité et de nous amener ainsi à un état de docilité parfaite où nous réalisons l'idée qu'on nous suggère et sympathisons sans effort avec le sentiment esquissé.

Cette vue, jetée en passant, est toute une théorie. Elle mériterait d'ailleurs mal ce titre si, rendant compte ingénieusement de beaucoup de points du problème, elle n'en laissait dans l'ombre d'autres, fort importants. Ce qu'elle néglige, je l'appellerais, d'un mot, l'enthousiasme musical, état de lyrisme ardent, inséparable d'une telle expérience et qui pourrait bien, à ce titre, servir à la caractériser.

Il n'en reste pas moins que la musique, excitatrice de nos puissances rêveuses, a pour premier effet d'opérer une suspension brusque du moi réfléchi. Et ce moi, ainsi délaissé, l'est avec joie et sans idée de retour. Il n'en va pas tout-à-fait de même dans l'expérience religieuse, qui tend, presque toujours, à se cristalliser en croyance. Aussi, mieux que celle-ci, la musique nous replonge-t-elle vraiment dans les profondeurs du sentir. Toute chargée d'émotion, on peut dire qu'elle est la sensibilité même se prenant à vivre pleinement et à jouir de la liberté de son rêve, tout en devenant en quelque sorte extérieure et se renvoyant sa propre image (1).

(1) Oscar Wilde, dans une page peu citée, a dit sur la musique des choses profondes et charmantes : « Après avoir joué du Chopin, il me semble que je viens de pleurer sur des péchés que je n'ai jamais commis, et que des tragédies ne me concernant point m'ont plongé dans la désolation. La musique me produit toujours cet effet. Elle nous crée un passé que nous ne connaissions pas et nous donne le sentiment de chagrins qui ont été cachés à nos larmes. J'imagine un homme ayant mené toujours la vie la plus banale;

Bien peu de philosophes ont réfléchi au miraculeux prestige de cet art, pourtant le plus profond de tous, et qui aboutit, à sa manière, à l'intuition émouvante de l'absolu. L'expérience à la fois solennelle et joyeuse qu'il institue en nous n'est pas sans offrir quelque analogie avec l'émotion mystique. C'est, de part et d'autre, un sentiment de radieux contentement, caractérisé par l'abolition des inhibitions inférieures et des désirs vulgaires. Même attitude initiale, abandonnée et souple, marquée par le renoncement à la volonté personnelle et aux exigences de l'entendement. Et il n'est pas jusqu'à la délicatesse d'une conscience religieuse, aisément froissée par la laideur morale, qui n'ait son analogue dans ce curieux sentiment de souffrance et

et qui, entendant par hasard un intense morceau de musique, découvrirait que son âme traversa de terribles épreuves, des joies effrayantes, des amours sauvages et de vastes sacrifices, à son insu ».

comme de honte légère que nous fait éprouver d'instinct l'audition d'une musique un peu commune.

D'ailleurs, l'émotion musicale a, comme l'émotion religieuse, un caractère ineffable. Il est singulièrement malaisé de trouver des mots pour la décrire. De là vient sans doute que les « réfractaires », à qui le paradis musical est fermé, ont tant de peine à se le figurer et à y croire.

William James, parlant du sentiment de rajeunissement qu'éprouve le jeune converti, remarque qu'il s'opère à ses yeux un changement complet dans l'aspect du monde extérieur, qui se métamorphose et s'illumine d'une auréole de beauté.

« Débarrassés de nos entraves, nous « nous sentons légers, dispos, pleins « d'allégresse. Une aurore nouvelle brille « en nous : tous les sombres nuages, « toutes les appréhensions ont disparu ;

« nos instincts les plus purs chantent
« comme des oiseaux. »

Cette description pourrait s'appliquer à
l'allégresse musicale, qui, envahissant
l'être entier, le transpose en quelque sorte
dans un registre supérieur et l'élève à un
sommet d'où le monde nous apparaît
rajeuni et la beauté plus belle et plus
digne d'être aimée.

Rien de plus éloigné de notre conscience actuelle, disciplinée et rationali-
sée, que cet état où tout l'être est ému,
se laisse vibrer, s'abandonne. Mais notez
que si la musique nous y ramène, c'est
qu'elle a commencé par s'attaquer à ce
moi intellectuel qu'elle a justement pour
mission de miner, d'effriter et de dis-
soudre.

On voit par là comment elle nous pré-
pare à comprendre l'inconscient et, du
même coup, quel secours elle apporte au
psychologue qui en veut pénétrer le mystère. Ne soyons donc pas surpris que M.
Bazaillas, parlant d'elle, le fasse avec une

émotion où perce la reconnaissance. La voilà élevée par lui au rang de collaboratrice ; et le fait que cet auxiliaire si précieux, au demeurant, reste anonyme, n'est point pour diminuer la gratitude de l'auteur à son endroit.

La musique est bien cela, avant tout, pour M. Bazaillas : une alliée souverainement efficace dans la lutte contre l'intellectualisme. Aussi ne craint-il pas de l'élire pour inspiratrice de sa pensée, rompant ainsi, non sans hardiesse, avec la méthode pratiquée jusqu'ici. Cette méthode consistait à philosopher, les yeux fixés sur les mathématiques. On peut dire que, durant des siècles, cette science obséda les esprits. Il semblait qu'on ne pût atteindre le vrai autrement qu'en la prenant pour modèle. Sans doute, Leibnitz avait su assouplir sa philosophie au contact d'une mathématique nouvelle, plus délicate et nuancée que ne l'était celle des géomètres. Mais un grand pas n'en restait pas moins à faire dans la voie de l'affranchissement. Louons M. Bazaillas de l'avoir fait, d'avoir vu à quel point un changement de méthode s'imposait et d'en avoir au surplus, par ses propres écrits, brillamment prouvé l'opportunité.

Déjà, dans un premier ouvrage, consacré à la croyance (1), il avait, avant l'*Expérience religieuse* de William James, pris position, d'une manière fort curieuse. Se gardant de l'envisager dans l'abstrait et sous la forme convenue d'un problème philosophique, renonçant à soulever, à propos d'elle, des questions, toujours oiseuses, de validité et de provenance, il ne s'attachait qu'à saisir la croyance dans sa vie profonde et intime, autrement intéressante que les résultats que l'on en peut toujours détacher. Et qu'y trouvait-il, en dernière analyse ? Un singulier état de tension intérieure,

_____

(1) *La Crise de la Croyance dans la philosophie contemporaine;* Perrin, 1901.

un fond extrêmement mobile qui ne de-
mande qu'à vibrer, bref quelque chose de
lyrique qu'on ne saurait mieux comparer
qu'à l'exaltation musicale, en ce qu'elle a
de plus intense.

Or la croyance, ainsi entendue, est un
état riche de la personne. Dès lors, n'y
a-t-il pas des chances pour que le mo
profond d'où elle émane, loin de former
un tout immobile, participe du même caractère agile et, pour ainsi dire, musical
M. Bazaillas le croit et n'hésite pas à
voir dans la personnalité une sorte de
thème mélodique successivement repris
par les registres de la sensibilité, de l'entendement et de la pensée pure, ou encore
à la comparer à un frémissement prolongé
qui, embrassant toute une masse d'états
leur donnerait le ton et l'accent qui
seuls, les individualisent (1).

C'est bien là une vue musicale. Elle

(1) *La Vie personnelle, étude sur quelques illusion
de la perception intérieure.* Alcan.

n'est point faite pour surprendre chez un écrivain dont la pensée est elle-même imprégnée de musique. Ne craignons pas d'insister sur cette idée, tant elle est essentielle à la compréhension de sa philosophie. Elle rend bien compte de son caractère instable, malléable et comme fondant. De là encore son allure rapsodique, et ce rythme continu, qui la rend un peu monotone. De là enfin, ce luxe de développements et de formules, n'allant pas sans donner, à la longue, quelque impression de prolixité. Pour ma part, j'y vois des modulations plutôt que des redites. Tels, au cours d'une symphonie, un certain nombre de motifs principaux reparaissent, diversifiés.

J'accorde qu'étudiant la sensibilité, M. Bazaillas se montre inépuisable à nous en développer les grands thèmes. Mais, procédant ainsi, il ne fait encore que s'inspirer fidèlement de son objet. Sa prose déborde comme la sensibilité même, qui a en elle un principe d'ivresse et ne sait que se répéter sans relâche, heureuse de se laisser bercer par les motifs qui lui sont chers.

Ce style, en sa monotonie mélodieuse, est d'ailleurs riche de qualités remarquables. Il a l'abondance et le nombre. S'il manque un peu d'arêtes, il n'en est que plus voluptueux. La période, complaisamment tournée, a une beauté toute féminine. Et, si vous le voulez, voyez-y un éloge. Il est certain que la beauté de la femme est plutôt faite de mollesse. L'œil s'y caresse à des contours charmants dont la grâce n'a qu'un tort, c'est de masquer peut-être un peu trop la ligne simple de la charpente. Telle, la phrase de M. Bazaillas. Cette phrase caresse l'idée plutôt qu'elle ne l'étreint. Je lui trouve une beauté orientale, arrondie, nullement anémiée, un peu molle. Au reste, je m'en voudrais de reprocher à l'auteur son talent et préfère borner tout mon effort à essayer de le comprendre.

Il me semble que de tels livres gagne-

raient à être lus sur mer. Le bercement
de l'onde leur serait favorable. Cette pensée lui ressemble, étant comme elle mobile, chatoyante, un peu trompeuse. C'est
la philosophie du flexible et du chan-
geant. Si l'ensemble en reste incertain,
ce vague même a sa raison, aucun mot
ne pouvant bien s'appliquer à ce que
l'auteur étudie, n'allant juste à la mesure
de ces états aux mystérieuses nuances,
qui se composent entre eux, se pénètrent,
s'organisent, à la façon, un peu, des
notes d'une mélodie. A vouloir les tra-
duire par des expressions trop précises,
on n'arriverait qu'à les défigurer, en leur
imposant l'arbitraire et l'immobilité d'un
contour.

Cette défiance raisonnée à l'égard du
langage se retrouve chez bon nombre de
penseurs contemporains. On a appelé,
non sans esprit, la philosophie pragma-
tiste une philosophie sans parole. On
peut trouver qu'elle parle beaucoup pour
mériter pareil titre. Mais cette apparente

contradiction s'explique. Ces philosophes, estimant que la pensée est incom-
mensurable avec le langage, n'ont d'autre
ressource que de se taire ou d'essayer,
par l'abondance même des phrases et des
périphrases, de suppléer à la pauvreté
inhérente à tout moyen d'élocution. C'est
de préférence ce qu'ils font, et ainsi,
l'intellectualisme prend sur eux sa revanche.

*
* *

Mais abordons, car il en est temps,
l'examen de cet inconscient sur lequel
M. Bazaillas a porté tout son effort d'analyse. Disons de suite que l'inconscient,
pour lui, ne fait qu'un avec la sensibilité.
C'est donc celle-ci qu'il étudie à vrai
dire, non sans un dessein secret de la
réhabiliter et magnifier. Rousseau avait
essayé quelque chose d'analogue. A un
autre point de vue, on pourrait montrer

que la sensibilité est, pour M. Bazaillas, un peu ce qu'était la volonté pour Schopenhauer : un fond humain et plus qu'humain, la seule chose primitive et la seule éternelle. Voilà de quoi le faire classer par M. Ernest Seillière dans la catégorie des penseurs atteints du « mal romantique » (1). Cela même constitue, à nos

(1) On sait que, pour M. Seillière, le romantisme est essentiellement une lutte de l'instinct contre la raison pour la suprématie des impulsions à demi-conscientes sur l'exercice de nos facultés supérieures et réfléchies. Je lui accorde sa définition ; mais j'ai plus de peine à le suivre lorsqu'il découvre dans la tendance romantique le symptôme d'une lassitude des facultés de synthèse, d'un affaiblissement des centres supérieurs, bref, d'une véritable diminution vitale résultant de l'appauvrissement de notre capital de santé physique et psychique. Le contraire, comme on l'a vu pour Nietzsche, ne serait-il pas également vrai ? M. Seillière compare aussi, fort ingénieusement d'ailleurs, la tendance à exagérer le rôle inventif du subconscient à l'illusion mystique de ces romantiques sociaux pour qui les *seuls* créateurs de la richesse seraient les manœuvres qui travaillent de leurs mains aux derniers rangs de l'échelle industrielle. (Introduction à la philosophie de l'impérialisme).

yeux, l'originalité de sa tentative. Les philosophes, épris de raison, ont vraiment par trop négligé la sensibilité et ce fond inventif, toujours en travail, qui correspond à un véritable romantisme de la conscience. A quiconque serait tenté d'en nier l'intérêt on pourrait répondre, comme Faust à Méphistophélès :

In deinem Nichts hoff'ich das All zu finden.

« *C'est dans ce qui, à tes yeux, n'est rien, que j'espère, moi, trouver le tout !* »

M. Bazaillas ne nous cèle pas qu'il a un grand dédain pour le moi réfléchi. Ce dernier n'est qu'une réussite, le fruit d'une combinaison d'ailleurs assez rare. Telle un peu la liberté politique, que Montesquieu compare à une fine pointe oscillant entre l'anarchie et le despotisme. Ajoutons qu'on lui prête trop souvent une valeur qu'il n'a pas. Il se pourrait qu'il ne correspondît, en somme, qu'à une dégradation de nos énergies. Sa formule est une formule simplificatrice bien plutôt que créatrice. Lui-même est porté, comme par son poids naturel, vers le monde de l'inconscient, vers la grande unité naturaliste sur laquelle il s'est mis en relief pour briller un moment. Si cet inconscient apparaît obscur, cela tient justement aux divergences qui le séparent des modalités de la représentation et qui rendent irréductible à la logique rationnelle le type d'organisation — ou de désorganisation — qui lui est propre. Comme les démarches de l'inconscient se distribuent selon les lois du dynamisme et que ces lois à leur tour sont totalement étrangères au mécanisme de la représentation, nous tenons pour inintelligibles et absurdes les arrangements spontanés, les mutations, les conversions qui s'y produisent sans autres règles que celles de la vie affective, sans autres procédés que ceux qui résultent de leurs affinités ou de leurs répulsions naturelles. L'obscurité que nous leur attribuons alors tient

apparemment à ce que nous nous achar-
nons à les saisir du dehors, d'un point de
vue rationnel qui leur demeure étranger
et d'où nous ne saurions les découvrir
sans leur faire violence. Nous érigeons
hâtivement en obscurité, sinon en impos-
sibilité d'être, l'indication légitime d'un
type nouveau d'existence, d'un mode
original de sentir. Cet effet d'éloignement
se réduit donc à un jeu d'optique qui met
en contraste l'aspect affectif et l'aspect
réfléchi de l'activité personnelle.

Ceci dit, il est clair qu'il faudra se garder d'appliquer à l'inconscient la méthode
de simplification chère à la logique abstraite. M. Bazaillas procède autrement.
Comme tous les intuitifs, il est avant
tout descriptif. La continuité infiniment
douce et pacifique de la vie végétative a
trouvé en lui son peintre. C'est une série
de paysages intérieurs qu'il nous déroule.
Certains apparaissent un peu vagues,
indistincts et comme ensommeillés. Mais
cela était inévitable, le domaine de l'in-

conscient étant essentiellement celui de la multiplicité qualitative. Tout s'y pénètre et s'y fond ; rien ne s'y juxtapose. Il y aurait inintelligence à en vouloir éclairer trop violemment les profondeurs.

* *
* *

Sainte-Beuve, dans la préface de son roman, annonce le projet de peindre tout un côté de l'âme humaine : « *Ce côté languissant, oisif, attachant, secret et privé, mystérieux et furtif, rêveur jusqu'à la subtilité, tendre jusqu'à la mollesse, voluptueux enfin* ». C'est bien un peu tout cela qu'à son tour, et en philosophe, M. Bazaillas étudie.

Ramenant, ainsi qu'on l'a dit, l'inconscient à la sensibilité, il lui découvre comme caractéristiques la jouissance exclusive de la vie, en dehors de toute préoccupation morale ou pratique, et l'abandon au plaisir. L'inconscient ne serait donc qu'une conscience affective partout persistante, destituée d'ailleurs de ses moyens habituels de construction et de connaissance, restée enfouie dans la subjectivité et l'affection pure. Par là s'expliquent ses principaux traits : amoral, cynique, indifférent à l'idéal ainsi qu'aux normes de la pensée, ne se complaisant que dans l'anarchie délicieuse du rêve, on ne saurait mieux le comparer qu'à une force de la nature.

L'inconscient ne connaît pas la pensée critique ; il ne se dédouble pas pour se remanier ou se juger, mais au contraire, se plaît à végéter dans l'ignorance de toute règle.

« Il est absolument servile ; il travaille
« sans aucune maxime-directrice ; il n'a
« aucune loi morale, aucune loi du tout :
« il n'a pas de volonté; il est ballotté
« çà et là par toutes les suggestions qui
« lui surviennent ; c'est essentiellement
« un moi fruste et animal ».

C'est là ce qui le rend si instable, naturellement dynamique et plastique. Il doit ces caractères à son étrange suggestibilité. Et de fait, dans le sentiment religieux aussi bien que dans la passion, on peut dire qu'il ne vit et se manifeste que sous la condition de la suggestion. A cet égard, la diversité apparente de ses manifestations ne saurait tromper ; et, par exemple, n'est-il pas vrai que c'est le même état dynamique, avec la même exaltation de l'âme, qui se retrouve chez une La Vallière, soit qu'elle aimât d'abord dans le « siècle » ou un peu plus tard, au Carmel ? (1).

La sensibilité étant toute plastique peut aussi bien s'infléchir vers la passion que librement s'épanouir en mysticisme ou

---

(1) « On trouve un livre de dévotion, et il touche ; on en ouvre un autre qui est galant, et il fait son impression. *Oserai-je dire que le cœur seul concilie les choses contraires, et admet les incompatibles ?* ». LA BRUYÈRE.

en art. Tout lui est bon pourvu qu'el
vibre et, se saisissant dans son élan or
ginel, jouisse d'elle-même et de so
ardeur. Redisons-le, nous sommes bie
en présence d'une pensée animale, tou
entière subjuguée par l'image et comm
par l'obsession de la vie.

Aussi bien, l'inconscient nous pre
sente-t-il, dans son type d'organisatio
élémentaire, la suspension des lois d
l'intelligence et la négation de toute vo
lonté. De là l'impression de monoton
et de torpeur qui nous saisit chaque fo
que, passant au dessous du seuil différe
tiel de la conscience, nous atteignons
ce point mort de la personne, limite d
cette région plus profonde où tout nou
parle d'inaction, d'alanguissement et d
vertige. C'est un monde qui prend fi
une réflexion qui se supprime. Les norme
de la pensée se nient : les mythes de
sensibilité les remplacent. La vie, en ce
moments d'ineffable trêve, se plaît seule
ment à se sentir couler, sans avoir ni

force ni le désir de se construire. Toute éprise d'elle-même, elle songe à peine à mesurer son propre enrichissement, moins encore à en dégager, sous forme lucide, la signification.

Ces états faibles de la conscience, M. Bazaillas excelle à les peindre. Il nous fait pénétrer au cœur de la sensibilité par les avenues les plus secrètes. Nous y gagnons d'assister, privilégiés, à d'étranges et troubles féeries. Il ne craint pas de nous entraîner vers ces molles régions, vers ce qu'il appelle « les terres mouvantes et mal assurées de l'inconscient », étrange et troublant domaine où règne l'équivoque. Là sont, si je puis dire, les points fébriles de l'âme, ses parties les plus savoureuses. Pour nous les faire toucher du doigt, il ne faut rien moins qu'un art très complexe, ne craignant pas de s'amollir, ayant le goût des notations effacées, sachant s'épancher en analyses persuasives et comme confidentielles, joignant enfin à de la subtilité

beaucoup d'enveloppement. C'est l'art
même de M. Bazaillas que je viens de
décrire. Pour un peu on lui appliquerait
le mot de Joubert sur Rousseau : « *Aucun homme n'a fait mieux sentir que
lui l'impression de la chair qui touche
l'esprit, et les délices de leur hymen* ».
Toute la vie ardente et triste a trouvé en
lui un merveilleux interprète (1). Tel
« couplet », en mineur, d'une douceur
fondue, a le charme et le bercement
vague d'une incantation. Vraiment, c'est
la voix du Génie de la Terre qu'on croit
entendre s'élever, tentatrice, caressante
et chantante. Tout cela, d'ailleurs, tra-
vaillé de façon fort habile, car, d'un bout
à l'autre, rien n'est mieux composé que
cet éloge de la décomposition.

Citons, à titre d'exemple, la page con-
sacrée à Rousseau. Elle forme le point
central, bien brillant, de ce qu'on me

---

(1) Il y aurait de tout cela une morale bien curieuse
à tirer : morale de l'abandon et du relâchement pur.

permettra d'appeler cette Défense et
Illustration de la Sensibilité.

... L'art si profond et si méconnu de Rousseau reprend, dans notre hypothèse, toute sa
valeur. Au même titre que la musique, dont il
nous rappelle presque toujours les procédés,
il est un art de l'inconscient. Rousseau ren-
verse le système convenu du moi de la
réflexion pour se transporter jusqu'au point
redoutable où la conscience se fond avec les
éléments sauvages et spontanés de la nature.
Ce qu'un tel art nous révèle de capricieux et
de fantasque, son exaltation, son délire, son
ivresse, cette superposition continuelle de la
rêverie au réel, ne sont que les procédés de la
vie inconsciente quand, saisie au-delà du tour-
nant où elle s'infléchit vers la pensée, elle
présente encore la forme d'une puissance élémentaire qui nous renouvelle et nous enchante.
Ce ravissement, qui fait le charme si insinuant
de Rousseau, ne serait point compris, si on
l'envisageait du point de vue d'un art de l'intellectualité symétrique et froide. Aussi bien
est-ce le moi de l'inconscient que Rousseau
vient déchaîner et qu'il soulève par un magi-
que appel. Il restera toujours celui qui a vu en

l'homme une vie sourde et comprimée, souffrant de ne pouvoir formuler son rêve. Il a pratiqué le dédoublement redoutable des forces affectives et des forces intellectuelles. En affranchissant les premières, pour nous permettre d'en jouir dans ce qu'elles ont de vertigineux et de charmant, il aura soulevé du fond de la nature humaine une énorme vague de sensibilité, et l'équilibre ordinaire de l'homme en est encore ébranlé.

Il est clair, d'après ce passage, que Rousseau a toute la sympathie de l'auteur. Il la lui marque encore par ceci qu'il n'hésite pas à l'admettre, malgré sa lignée protestante, à un rang très privilégié parmi les sensibilités catholiques. Catholique, Rousseau était trois fois digne de l'être, par son cœur, par ses faiblesses et jusque par la qualité un peu spéciale de ses vices. Avouons que ce qui nous plaît surtout en lui, ce sont ses démérites. C'est pourquoi notre religion ne peut que le revendiquer pour l'un des siens.

Au fond, si l'on sait bien dégager la pensée de M. Bazaillas, on trouve que ses théories aboutissent à un véritable naturalisme. En effet, il estime qu'avant l'apparition du moi, beaucoup de formes en nous ont aspiré à être. La zone inconsciente correspond précisément au moment d'origine de la conscience. Elle rétablit la continuité entre les termes opposés du réel et de l'idéal, de la nature et de l'esprit. Mais il faut remarquer que cette continuité n'est pas analytique, mais synthétique. Ces différents domaines ne se réduisent pas l'un à l'autre ; ils s'étagent et forment comme une hiérarchie de genres vivants. L'inconscient jouerait ainsi le rôle de médiateur plastique. Il serait un genre positif, intermédiaire entre le non-être et l'être, entre la pluralité de la matière et l'unité de la pensée. A le prendre dans son ensemble, il constitue une grande force psychologique et comme un règne de la nature. Mais ce qui fait son originalité, c'est qu'ayant tous les caractères de celle-ci, il a, en même temps, quelques unes des propriétés de l'esprit. Ce n'est pas un hybride : c'est un ordre de transition assurant la continuité du naturel au mental.

Il est de la nature que la pensée entraîne après elle ou qu'elle n'a pas réussi à s'assimiler. Il facilite le passage de la vie cosmique où il plonge à la conscience proprement dite, dont il annonce l'avènement... Source de toute personnalité il est aussi le terme où font retour, après d'inévitables vicissitudes, les forces déclinantes de l'intelligence et du vouloir, débris vivants qui viennent composer un autre monde. Et ainsi va la vie en chacun de nous ; elle émerge peu à peu de ces profondeurs inconscientes. Comme une nébuleuse sortie de l'immensité du ciel, elle brille un instant et elle va se perdre sans retour dans son lieu d'origine. C'est la même loi, celle du devenir, qui gouverne, du sein des possibilités indistinctes, où la vie s'agite, la nature et les esprits.

Si d'ailleurs cette philosophie se garde
de rompre tout lien entre la zone inconsciente et la zone réfléchie, c'est qu'elle
a pris soin de définir l'inconscient une
activité synthétique et qu'elle n'hésite
pas à y voir un véritable foyer intérieur
constituant la partie la plus exaltée et la
plus riche de la personne. Il y a donc
entre ces deux domaines une circulation
incessante de nos états, ceux-ci passant
naturellement d'un pôle à l'autre de
l'existence mentale. Mais les éléments
de la pensée réfléchie, transportés dans
la zone de l'inconscient, y sont aussitôt
l'objet d'une importante modification et
contractent, dans ce commerce avec la
nature, des propriétés vitales que la
réflexion eût été bien incapable de leur
conférer. On peut envisager, dès lors, le
règne inconscient comme la préparation
du règne conscient, un peu à la façon du
végétal, dont c'est le propre d'alimenter
l'animal. Mais il s'agit, de part et d'autre,
de domaines distincts, de couches succes-

sives' ayant chacune leur structure, leur
développement et leur logique ; et c'est
par où la pensée philosophique de M.
Bazaillas, qui pose résolument le discontinu au sein de l'être, se différencie, plus
profondément qu'on ne l'a dit, de celle
de M. Bergson (1).

*
* *

Toute cette philosophie révèle, malgré
tout, une étrange lassitude des excès de
la raison, de la logique et de l'action. A
ce titre, elle jette un jour curieux sur la
sensibilité contemporaine.

(1) En tous cas, un trait les réunit : ils sont, de nos
jours, une heureuse exception. Ils font agréablement
contraste avec la philosophie universitaire qui, prise
en bloc, est morne et rebutante, bien que très infatuée
d'elle. Cette philosophie, parfaitement incompréhen-
sive, réglée et « administrée » par quelques rogues
penseurs, ressemble par bien des côtés à celle que
Taine a fustigée dans ses *Philosophes français*.

Je n'insisterai pas sur ses affinités avec
diverses théories exposées de nos jours.
La prédominance du cœur sur l'intelligence est d'ailleurs une idée comtienne,
et la primauté de l'instinct sur la raison,
le grand principe de la psychologie de
Taine. Mais il est visible qu'en dehors du
mouvement philosophique, cette même
tendance se retrouve et s'accuse. Des
poèmes tels que ceux de Barrès et de
Loti sont faits pour enchanter tous ceux
que la vie active fatigue et n'enchante
pas. Tout imprégnés d'une sorte de romantisme désabusé, ils tiennent de là
ce double caractère d'être à la fois simples
et subtils, très primitifs et très modernes.
Tous les désirs, toutes les nostalgies,
toutes les langueurs, et la mort très
mystérieusement voisine de la vie, voilà
ce que Loti a chanté avec une sincérité
monotone dont l'accent ne se peut oublier. Relisez, d'autre part, les pages que
Barrès a consacrées à la tristesse de Ve-
nise. Il y goûte une beauté qui s'en va

vers la mort. De ses canaux de fièvre se
dégage le vertige charmant de sa décomposition. Il aime en elle ceci précisément
qu'elle se refuse à persévérer dans la vie.
Et les strophes qu'il lui consacre, en leur
grâce épuisée, ont une beauté si noble,
si harmonieuse et si parfaite que l'émotion qui s'en communique va presque
jusqu'à nous donner l'illusion qu'elle est
sincère.

M. Maeterlinck, lui aussi, se plaît à
nous faire errer dans les mystérieux bo-
cages de l'inconscient ; mais les voix
maniérées et fluettes qu'il nous y fait
entendre sont bien ce qu'il y a de moins
fait pour émouvoir des sensibilités ennemies de l'artifice et un peu promptes à le
discerner. — J'en dirai autant de la musique de M. Debussy et de son décevant
prestige.

Au milieu de l'évolution générale, un
seul principe demeure fixe : la Morale,
qui, environnée d'honneurs, prétend con-
tinuer à régner sur nous tous, immuable.

En ce domaine, j'estime, avec M. Lévy-Bruhl, que la Renaissance n'a pas eu son plein effet. Suivant l'expression de ce philosophe, nous voudrions quitter la morale, mais elle ne nous quitte pas (1). Que nous sommes loin de l'attitude rationnelle des penseurs grecs sur ce point ! Il n'est de jour qu'on ne nous parle de l'impératif catégorique et qu'on ne nous vante sa noblesse. Ce faisant, on ne croit pas si bien dire. Antiques sont ses origines, puisqu'en ligne directe il descend de ce que, non sans un pieux effroi, vénéraient, sous le nom de *tabou*, nos aïeux les sauvages. Par quoi il apparaît clairement à quel point il serait téméraire de prétendre y porter atteinte.

Et d'ailleurs, qui y songe ? Naïvement, nous nous croyons libérés de tout dogme, et ne voyons pas que c'est une morale purement théologique qui nous mène. Il

(1) Voyez son beau livre : *La Morale et la Science des Mœurs*, qu'on ne saurait trop approfondir.

semble qu'encore mal affranchis de l'influence du christianisme, nous mettions tous nos soins à nous faire pardonner notre irréligion, en comblant la morale traditionnelle de nos plus respectueux hommages. Pourtant le dogmatisme religieux est-il vraiment le seul à craindre ? L'intransigeance morale m'apparaît tout aussi redoutable. Les hommes, pour se tourmenter en beauté, n'ont rien trouvé de plus efficace ; et quel pire concept que le dogme laïque de la morale obligatoire ! Nietzsche appelait les philosophes des « prêtres masqués ». Le qualificatif de « prêtres manqués » ne s'appliquerait pas mal à certains des nôtres. On connaît la rigueur de l'impératif sociologique de M. Durkheim et le caractère oppressif de son orthodoxie. C'est une sociologie ultra-étatiste, qui ne souffre aucune dissidence. Elle est aux antipodes de la doctrine libérale de Spencer, et M. Bourdeau a été bien inspiré quand il a proposé de lui donner pour sous-titre : l'Etat contre l'individu. Mais que l'esprit théologique tarde donc à disparaître et qu'il est ingénieux à varier, à déguiser et à multiplier ses méfaits !

Puisque l'on ne craint pas ici de défendre la sensibilité tout entière, osons dire que la sensualité, même un peu déchaînée, ne laisse pas, elle aussi, d'avoir ses avantages. Les hommes forment une majorité si disgrâciée de toute pensée ! Dominés par le mécanisme, il en est si peu que l'idée visite ! Au moins, par le moyen des sens, leur vie chétive acquiert quelque éclat. C'est un peu d'art et de fantaisie qui arrive à s'y introduire.

Sans doute, un certain nombre de périls seront pratiquement à éviter : tel le péril de l'idée fixe. Le mieux sera, pour s'y soustraire, de faire appel à des passions multiples, car j'accorde que rien n'est dangereux comme de n'en avoir qu'une. Il faudra encore se garder de la dispersion amoureuse, de ce que l'on pourrait appeler le vertige du nombre. Pour les esprits philosophiques cette tentation est des plus fortes. Il semble qu'à étendre à l'infini le cercle de nos chères expériences, nous entrions toujours un peu mieux dans la compréhension du vaste monde. C'est là, à n'en point douter, un plaisir très métaphysique. Opposons-lui, en guise de frein, le principe du meilleur choix. De la sorte, en nous bornant à quelques types représentatifs, nous goûterons la beauté éparse, comme en sa quintessence. C'est la méthode du collectionneur. Il serait étrange que, transposée et appliquée à de vivants chefs-d'œuvre, elle perdît quoi que ce soit de sa légitime valeur.

∗
∗ ∗

Peut-être, après avoir mis en relief ce que sa pensée a de si original, M. Bazaillas me pardonnera-t-il de passer à la critique et de lui faire, pour finir, un peu d'opposition bienveillante. Je lui en veux de pousser trop loin la défiance à l'égard de la pensée discursive. Tout le monde semble à peu près d'accord pour n'attribuer qu'une valeur relative aux concepts (1), en tant qu'ils mettent, si je puis dire, leur quadrillé sur les choses. Mais encore, tout artificiels qu'ils sont, nous aident-ils à penser. A vouloir se passer d'eux, n'arriverait-on pas à ce résultat décevant d'une philosophie qui exciterait l'imagination en croyant parler à l'intelligence et qui ferait plus agréablement rêver que profondément réfléchir ? La méthode d'approximation, chère à l'auteur, n'est point sans mérite. Elle a ceci d'excellent qu'elle approche des choses, mais cela de fâcheux qu'elle ne les atteint pas (2).

(1) Relative, en somme, à notre intuition spatiale.

(2) Edgar Poe, qui n'était pas, je pense, un contempteur de l'imagination, a écrit, dans *Eureka* :

« La plus belle qualité de la pensée est d'avoir conscience d'elle-même, et l'on peut dire, sans faire une métaphore paradoxale, qu'il n'y a pas de brouil-

Ibsen a, dans un de ses poèmes dramatiques, esquissé une théorie curieuse. Si, d'après lui, nous étions accoutumés, dès l'origine, à vivre sur mer, dans la mer même, nous serions à la fois meilleurs et plus heureux que nous ne le sommes. Nous aurions donc fait fausse route en devenant des animaux terrestres au lieu de devenir des animaux marins. L'humanité le sentirait vaguement, et ce serait le secret de sa mélancolie (1). Dirai-je ici toute ma pensée ? Il me paraît que M. Bazaillas n'est point suffisamment un philosophe terrestre, et que cette humanité dont parle Ibsen, aquatique et hypothétique, est un peu trop celle pour laquelle il écrit. On ne peut nier que sa pensée gagnerait à être comprimée. Elle est vraiment un peu falla-

lard d'esprit plus épais que celui qui, s'étendant jusqu'aux limites du domaine intellectuel, dérobe ces frontières elles-mêmes à la vue de l'intelligence ».

(1) *La Dame de la Mer.*

cieuse, tout ensemble brillante et obscure, et comme manquant de vertèbres. L'art le plus désossé ; la pensée la plus volatile. Faites cet essai, ayant achevé un de ses livres, d'en résumer le contenu : les idées glisseront et vous fuiront, désespérantes. Tels ces songes à demi-effacés que l'esprit veut en vain ressaisir...

Cette philosophie fluctuante vaut comme réaction contre l'intellectualisme et ses excès. C'est là son meilleur titre. Elle a une valeur d'orientation. Mais encore ne faudrait-il pas qu'elle s'érigeât en absolu, ni que le dogme de l'anti-intellectualisme vînt tout uniment remplacer l'autre. L'idée est des plus heureuses d'essayer d'assouplir, de déraidir la philosophie. Craignons toutefois de la vider de logique au point d'en faire une chose amorphe. Un debussysme philosophique ne serait point pour nous plaire. M. Bazaillas a pris grand soin de libérer sa pensée en la débarrassant de tout ce qui pourrait ressembler à une entrave. Se sentant désenchaînée, elle en jouit et elle en abuse. Arriverai-je à faire admettre à l'auteur la nécessité d'un peu de mortification et de contrainte ?

En métaphysique, il voit dans le principe de substance le grand ennemi à combattre. Celui-ci résulte, d'après lui, de ce que l'esprit tenant le regard fixé sur l'idée de l'être, cherche à en communiquer la forme à tout ce qu'il touche, n'aboutissant d'ailleurs de la sorte qu'à niveler les états conscients et à atténuer l'élément différentiel propre à la réalité. Il n'est pas douteux que les philosophes n'aient fait de ce principe un abus détestable. Mais que M. Bazaillas prenne garde qu'à force d'en médire, ce dernier ne se venge sur sa propre pensée, en lui prêtant (au moins pour des esprits affamés de certitude) comme un vague air insubstantiel et assez peu rassasiant.

Autre reproche : la distinction trop absolue entre la sensibilité et l'entendement. M. Bergson avait montré la voie

lorsque, afin de mieux connaître la nature de la sensation, il conseillait de faire
abstraction de toute l'expérience passée
et de ne pas craindre d'en oublier totalement les leçons. Cette recherche des
phénomènes à l'état pur est légitime.
Mais c'est à condition de n'oublier point
que la vie se garde, le plus souvent, de
nous les offrir sous cette forme. L'intelligence d'un Renan, celle d'un Sainte-
Beuve étaient toutes faites d'émotion.
C'est ce qui leur permit, sceptiques, d'étu-
dier l'âme chrétienne avec une si éton-
nante sympathie. Et puis, entre la vie
fluide et la raison massive, ne perdons pas
de vue qu'il y a la raison expérimentale,
mobile elle aussi, et cependant distincte.
On nous répète que la sensibilité jouit
surtout de se disséminer, de se disperser
dans les choses, de se dilater par l'univers
en se mêlant à chaque objet senti. Mais
n'est-ce point là également le rôle auquel
l'intelligence aspire ? Tout comprendre
est à la fois sa joie et sa fonction, et

Montesquieu appelait le cerveau le plus exquis de tous les sens. Craignons de séparer dans nos livres ce que la nature a uni, et sous le prétexte que, jusqu'ici, on n'a rien su voir hors de l'entendement, d'ériger la sensibilité, à son tour, en une sorte de divinité autonome. Mais ainsi sont les philosophes. Ils ont toujours soif d'unité. Quand ils n'arrivent pas à nier le multiple ou à le faire évanouir dans l'éternel, ils s'arrangent de manière à faire mieux et éternisent le devenir.

Pour ma part, je ne saurais procéder de façon si transcendante. L'union des sens et de l'intellect m'apparaît d'ailleurs fort intime. Il est même remarquable que, jusqu'en ses formes les moins relevées, la sensibilité se plaise à faire un appel discret à l'intelligence. Sans doute, d'une manière générale, sa dialectique s'oppose à celle de la raison. Mais j'y vois une preuve qu'elle n'ignore point tellement cette dernière. Il n'est pas jusqu'au plai-

sir sensuel qui ne se trouve étrangement
avivé par un contraste fourni à propos
par nos facultés supérieures. Peut-être, à
y songer, est-ce là leur principale raison
d'être... Avouons du moins que le sentiment de l'indignité a parfois bien de la
saveur. Le fléchissement même de la raison se tourne en principe d'ivresse ; au
plaisir ressenti se vient joindre l'idée plus
subtile de la faute ; et le moyen, dès lors
qu'il en est ainsi, de ne pas jouir double-
ment !

Mais n'insistons pas sur ce point de
vue que d'aucuns trouveraient pervers.
Revenons à M. Bazaillas et redisons ce
qui fait son mérite. Rapsode ingénieux,
paysagiste très délicat de la vie intérieure, il a su porter un intérêt tout neuf
à ce que les philosophes avaient jusque-
là dédaigné en l'enveloppant sous ce
terme vague et méprisant : l'irrationnel.
Pour peindre la sensibilité, en sa richesse
surabondante, il ne craint pas de faire
appel à tous les artifices de la phrase.

Ainsi, il inaugure une philosophie dont on chercherait vainement le modèle : voluptueuse, un peu molle, si j'osais dire, asiatique. L'auteur, Platon l'eût couronné de fleurs et chassé de sa République. Qu'il veuille bien voir là un éloge et ne pas douter de mon intention qui est, certes, de l'entendre et de le donner ainsi.

M. CLAUDE DEBUSSY

ET LE

SNOBISME CONTEMPORAIN

M. CLAUDE DEBUSSY

ET LE SNOBISME CONTEMPORAIN [1]

*Il ne me reste rien si je m'en vais
ainsi. Et tous ces souvenirs... c'est
comme si j'emportais un peu d'eau
dans un sac de mousseline...*
Pelléas et Mélisande. (Acte IV,
scène IV).

S'attaquer à une religion n'est jamais
sans péril. Le nombre des dévots de M.
Debussy n'irait-il pas en grandissant, que
l'enthousiasme et la ferveur dont ils sont
animés suffiraient à rendre ma tâche

---

(1) Cette étude, dont les éléments ont paru dans la
Revue du Temps Présent, a donné lieu à une enquête,
publiée chez Falque, sous le titre : *Le Cas Debussy.*

d'opposant délicate. Pourtant, si cette opposition provenait d'un malentendu, peut-être y aurait-il intérêt à en éclaircir l'origine. Plus vif eût été mon regret d'un désaccord si inquiétant, et plus j'aurais à me louer d'avoir fait en sorte qu'il cesse.

Et d'abord, je ne craindrai pas d'accorder à ses admirateurs que M. Debussy est un musicien « sans pareil ». Même, son originalité me semble si incontestable que j'aspire à trouver d'emblée l'argument personnel qui serait le plus propre à la faire apparaître. Cette originalité me semble résulter d'une méthode bien curieuse, grâce à laquelle le compositeur, tout en usant d'éléments sonores, semble vouloir se garder d'aboutir à un résultat proprement musical. Ce sont bien des notes, des sons, mais ce n'est pas de la musique. Cela y ressemble d'ailleurs, au point de faire illusion, et le triomphe de cet art très suspect est précisément de donner le change. Rien de singulier comme cette mise en œuvre d'éléments harmonieux n'aboutissant (de parti pris, je veux le croire) qu'à des ébauches sans force dont le charme, si j'ose dire, n'est plus qu'extra-musical. Vraiment, rien jusqu'ici n'avait été tenté d'approchant. C'est pourquoi M. Debussy mérite bien une place à part, que nous aurions mauvaise grâce à lui vouloir contester.

.•.

« Posons d'abord, a écrit Wagner, que l'unique forme de la musique est la mélodie ; que sans mélodie la musique ne peut pas être conçue, que musique et mélodie sont rigoureusement inséparables ». C'est d'ailleurs ce qui ressort de la profonde théorie de Schopenhauer, que Wagner s'était appropriée. Si la musique correspond au degré d'objectivation le plus élevé de la volonté, résumant son histoire, l'histoire de ses douleurs, de ses aspirations vaines, pour en extraire et en éterniser le sens, la mélodie sera seule capable, grâce à sa souplesse essentielle, de nous rendre tous les écarts de la sensibilité humaine et, du même coup, de nous en révéler les plus cachés mystères. C'est par là que cet art n'est ni un jeu décevant, ni un produit de la fantaisie, ni même une forme du rêve, mais repose au plus profond de la nature des choses et de l'homme (1).

Il est trop clair que, de ce point de vue, la musique de M. Debussy, qui prétend faire fi de tout élément mélodique,

(1) Une pensée musicale ! Que de choses tiennent dans cela ! Une pensée musicale est une pensée parlée par un esprit qui a pénétré dans le cœur le plus intime de la chose, qui en a découvert le plus intime mystère, la mélodie qui gît cachée en elle, l'intérieure harmonie de cohérence qui est son âme, par qui elle existe et a droit d'être, ici, en ce monde. Toutes les plus intimes choses, pouvons-nous dire, sont mélodieuses, s'expriment naturellement en chant. La signification du « Chant » va loin... (Thomas Carlyle).

ne peut paraître qu'étrangement vaine, vide et inexistante (1). Et cela est grave, si l'on songe que c'est à la théorie exposée par Wagner que se rallient presque unanimement les musiciens et les penseurs.

Il en est une autre pourtant, celle de Hanslick, dont il faut dire un mot puisque, aussi bien, elle se pose elle-même en doctrine rivale. Pour elle, la musique, loin de nous replacer au sein de la sensibilité, serait également incapable d'exprimer ou d'éveiller en nous des sentiments. C'est qu'elle n'en traduit pas le contenu affectif, mais exclusivement le côté dynamique. Ce qu'elle renferme, en somme, ce ne serait pas autre chose que des *formes sonores en mou-*

(1) Qu'on n'objecte pas, ainsi que l'a fait M. Lalo, que la même critique fut jadis adressée à Wagner ; car ses adversaires de la première heure étaient de ceux à qui la mélodie wagnérienne échappait, alors que, de l'aveu même de M. Debussy, sa musique, à lui, en contient à peine trace.

vement. Le plaisir musical se ramènera dès lors à une sorte de haute récréation imaginative, naissant de l'agrément qu'éprouve l'auditeur à suivre les évolutions de la pensée du musicien et, la devançant par l'esprit, à se trouver plus ou moins heureusement confirmé en ses conjectures. C'est ce que Hanslick a résumé en concluant : sans activité de l'esprit, point de plaisir esthétique.

Il n'y a pas lieu de discuter ici cette doctrine singulière, qu'on ne saurait admettre ou, pour mieux dire, excuser qu'à titre de réaction contre certaines théories en cours, abusivement sentimentales. Aussi bien, tout cette controverse repose-t-elle sur un malentendu. On a rarement soutenu que la musique eût le pouvoir de rendre un sentiment autrement que dans sa partie la plus abstraite. Elle n'en traduit, en quelque sorte, que la substance. Comme M. Ribot l'a bien vu, elle crée en nous de simples dispositions, que nous traduisons par des termes vagues :

joie, tristesse, tendresse, inquiétude. Sur
ce canevas, l'intellect brode, suivant les
individus. Tous les psychologues sont
bien près là-dessus d'être unanimes. Pour
Taine, la musique a cela de particulier
qu'elle balaye toute la population ordinaire des idées pour ne laisser que le
fonds humain, « la puissance infinie de
jouir et de souffrir, les soulèvements et
les apaisements de la créature nerveuse
et sentante, les variations et les harmonies innombrables de son agitation et de
son calme ». Ce quelque chose que la
musique saisit n'a donc plus rien de
commun avec la parole, et les états
qu'elle éveille en nous sont si vagues que
toute dénomination qu'on leur applique
est forcément grossière. Aussi bien, et
sans faire une critique en règle de la
théorie de Hanslick, on peut, en deux
mots, signaler à quel point elle est in-
complète. Elle rend bien compte du plaisir imaginatif qu'éprouve l'auditeur à
suivre les motifs musicaux en leurs

courbes et arabesques (1), mais elle ne voit pas que ces formes sont toutes chargées d'émotion, cette émotion étant d'ailleurs de l'*émotion pure* et tenant de ce fait son éminente valeur.

Cela est si vrai, que les caractères de la jouissance musicale prise en soi sont, à beaucoup près, moins variés qu'on ne serait tenté de le croire. Toujours elle se ramène, en somme, à un état lyrique, fait de joie frémissante et de noble enthousiasme. Or, qu'un allegro très glorieux ait pour résultat de nous jeter dans une exaltation joyeuse, il n'y a rien là qui étonne. Mais qu'une musique d'inspiration toute contraire, que le nocturne le

(1) C'est particulièrement ce plaisir qu'on éprouve à une seconde audition, plaisir fait de *reconnaissance*, dans la double acception du terme. Ces motifs que nous retrouvons et recueillons au passage, nous leur savons gré, à chacun, de ce qu'ils reviennent à nous. Mais c'est donc qu'ici encore, à côté de l'imagination, le sentiment entre pour une part, qu'il était nécessaire d'indiquer.

plus rêveur, la marche funèbre la plus
pathétique et la plus désolée nous re-
plongent dans un état à peu de nuances
près semblable, c'est ce dont l'attention
des psychologues aurait dû être frappée.
N'en faut-il pas conclure que cette passivité, souvent signalée comme l'élément
essentiel de la jouissance musicale, est
marquée de caractères nouveaux qui la
font riche et singulière, au point que, si
on l'osait, l'expression de passivité active
semblerait presque convenir ? C'est ce
qui donne à l'expérience musicale tant
d'intensité et de valeur, et c'est précisément ce qui la différencie de ces états de
rêverie vague, provoqués par des moyens
plus factices comme l'opium, la mor-
phine, ou l'art de M. Debussy.

Telle m'apparaît la musique et son
action sur nous. Au plus profond de nous-
mêmes, il faut qu'elle institue une expérience riche, passionnée, expérience si
totale et si belle que toute autre paraît
faible, lorsqu'on la lui compare. Expé-

rience, ajouterai-je, infiniment adoucis-
sante, si les motifs que nous aimons sont
comme autant de mystérieux amis qui
fidèlement nous visitent et, tout le long
de notre vie, nous suivent et nous con-
solent. Cela encore, Schopenhauer l'a
parfaitement rendu. Nous éprouvons
alors, nous dit-il, « une animation spíri-
tuelle, une activité tantôt légère, tantôt
effrayante, une vibration fébrile, une joie,
une aspiration, une inquiétude, une dou-
leur, un ravissement qui ne paraissent
venir que du plus profond de notre être ».
Une musique qui ne sait pas nous jeter
dans ce fertile égarement, soit qu'elle ne
vise qu'à amuser l'esprit par l'habileté de
ses formules, ou simplement à nous
plonger en un très vague état d'hypnose,
me semble à peine, je l'avoue, digne
d'un nom si beau.

Si, d'ailleurs, j'ai cru devoir faire quelque état de la théorie de Hanslick, c'est
que, s'opposant curieusement aux hypo-
thèses généralement admises, pas plus

qu'elles pourtant, elle ne laisse place pour le phénomène musical mis en honneur par M. Debussy. Même ce plaisir purement imaginatif auquel Hanslick donne le premier rang, son art, teinté d'ennui, n'arrive pas à le satisfaire. Cette musique insincère et sans flamme, et qui ne va jamais au cœur, ne parvient même pas à récréer l'esprit. Elle ne sait que nous assoupir, en nous berçant mollement comme dans un hamac d'harmonies. Une sensation de passivité suspecte est la seule qu'elle nous procure. Aussi bien, Hanslick lui-même semble-t-il avoir prévu la tentative, en une page curieuse qui, par anticipation, la condamne :

Dès que la musique n'est plus qu'un moyen de nous amener à un certain état de sensation, elle prend rang parmi les accessoires et cesse d'agir comme art pur ; elle se confond avec l'art du parfumeur, l'art culinaire, d'une façon générale, l'art de chatouiller la sensibilité d'un organe... Pourtant le nombre de ceux qui sentent ainsi la musique est considérable.

(Ajoutons que celle de M. Debussy est telle qu'on serait bien empêché de la sentir autrement). Subissant passivement l'action de 'la partie élémentaire de l'art, ils entrent dans une excitation vague, platoniquement sensuelle, qui ne reçoit de détermination que du caractère général de l'œuvre. Leur état n'est pas contemplatif, mais pathologique : c'est une longue rêverie, un crépuscule persistant, une sorte de sensation neutre dans le vide sonore... Enfoncés dans leur fauteuil et plongés dans un demi-sommeil, ils se laissent bercer par la musique. Le caractère intelligent de la jouissance esthétique ne peut se révéler à leur manière d'écouter ; un fin cigare, un plat friand leur produisent un état analogue, sans qu'ils s'en doutent, à celui que leur causerait une symphonie. Pour de telles capacités esthétiques, les œuvres musicales descendent au rang des produits de la nature, dont on peut jouir, mais qui ne nous obligent pas à penser, à remonter jusqu'à un esprit créateur et conscient de sa création. On s'imprègne très bien aussi, les yeux fermés, du doux parfum des fleurs d'acacia. Les œuvres de l'esprit humain exigent d'autres dispositions, à moins qu'on ne consente à les reléguer parmi les agréments émanés directement de l'aveugle nature.

Tant de discussions théoriques s'imposaient-elles au début d'une étude de ce genre ? Eh oui, en raison de l'abus pédantesque que les exégètes debussystes en ont fait. Il m'arrivera, comme eux, d'insister, d'appuyer presque outre mesure. Force m'est bien de prendre leur ton pour parvenir à ce qu'ils m'entendent ! Cette musique qu'il n'y avait qu'à goûter en passant, comme une petite formule d'exception, on crut y voir la révélation d'un idéal rénovateur. On la traita d'art de l'avenir, elle qui en a si peu ! L'esprit de mode aidant, on lui sacrifia, le plus ridiculement du monde, tous les chefs-d'œuvre antérieurs. On argumenta sur sa valeur physique et métaphysique. Pour en mieux démontrer la beauté, on l'alourdit de commentaires, on la surchargea d'analyses. Tels passages en font foi, que je ne craindrai pas de citer. Ils serviront du moins d'excuse à ce trop grave préambule.

.·.

Ayant indiqué de mon mieux ce qui doit manquer d'essentiel à la musique de M. Debussy, le moment peut paraître venu de l'aborder elle-même. A la vérité, on en a déjà beaucoup dit, quand on a dit ce qu'elle n'est pas. Son originalité est éminemment négative. Enlevez à la musique le rythme, la mélodie, l'inspiration, et vous serez assez près de l'avoir définie. Après cela, ce qui reste peut n'être pas sans charme : c'est une sorte d'harmonie diffuse, d'une monotonie murmurante et subtile, fort susceptible de plaire encore à des oreilles délicates.

Louons d'ailleurs M. Debussy de sa sincérité. Ayant formé le dessein d'abolir la mélodie, bien loin d'en faire mystère, il n'a pas craint de le proclamer. Déclaration, il est vrai, superflue, tant elle ressort clairement de ce qu'il compose.

Je ne sais si mélodie et rythme sont formes usées, comme il le dit, mais il est certain qu'on les chercherait bien en vain dans son œuvre (1). Vraiment, dans l'escamotage du motif, il est passé virtuose. Tout au plus, çà et là, des amorces de mélodie qui aussitôt se fondent, s'éludent, se dissolvent. Il semble qu'en ce milieu fluide, toute pensée musicale s'amollisse et se détrempe. C'est comme une pluie de sons, pluie lente et monotone, quelque chose d'infiniment dilué et d'amorphe. Au début, l'on se laisse séduire par cette nouveauté : c'est une sorte de petit enchantement inédit. Un assoupissement vous prend, qui n'est pas sans douceur. Cela agit sur vous à la manière d'un stupéfiant. On se sent comme épars dans cette vapeur musicale où l'on baigne ; l'on y goûte les délices d'une lente

(1) Sauf, il est vrai, dans quelques pièces de début qui sont, au contraire, d'un rythme violent, bien près d'être excessif.

asphyxie. Et puis, d'ailleurs, le procédé paraît délicat et discret ; l'on jouit de ces accords voilés comme d'une confidence... Mais, que ce premier plaisir d'étonnement est donc bref ! Une confidence indéfiniment répétée devient vite obsédante. Celle-là dépasse les limites de la plus fastidieuse monotonie. Ce caractère est surtout frappant dans *Pelléas et Mélisande*. La monotonie de la déclamation s'y joignant à celle du texte, on ne peut rien rêver de plus engourdissant. Tout cela garde éternellement le même degré. Ce n'est qu'une mélopée traînante, une suite de petits sons superflus et d'accords arbitraires, qui laissent après eux un long sillage d'ennui. Rien de pareil au bel effet obtenu par Berlioz dans l'Offertoire de son *Requiem*. La monotonie cherchée là avait sa raison d'être (1). Chez M. Debussy, elle apparaît l'impuissance d'un

---

(1) De même dans ce sublime *Crucifixus* de la *Messe en si* de Bach.

art sujet au rabâchage. C'est le triomphe du procédé. Voilà pourquoi cette psalmodie, loin de nous émouvoir, n'éveille en nous aucun écho, nous reste étonnamment lointaine. Telle, un peu, l'impression qu'on aurait à entendre un dialogue, en une langue étrangère, harmonieuse d'ailleurs, mais qui vous échapperait.

Mais comment, par des mots précis, arriver à me faire entendre ? Cette musique est vraiment indicible ; elle existe elle-même si peu qu'on a mille peines à en parler. Elle déferle en petites notes, vagues dont le va-et-vient berceur finit par nous donner comme une sensation de roulis. Peut-on dire que l'on s'y ennuie ? Même pas, car on y sommeille. Elle me produit une impression analogue à la caverne de Pelléas. Comme elle, elle m'étonne avant tout par son vide mystérieux. Au surplus, je ne surprendrai point son auteur si je répète que je trouve peu de rapport entre la musique et ce qu'il produit. Lui-même n'a-t-il pas dé-

claré son mépris pour celle des maîtres (1)
et ne prétend-il pas, remontant plus loin
qu'eux, s'aller retremper aux sources
mêmes de la sensibilité primitive ? Disons donc que ce qu'il compose est, si
l'on veut, de la « prémusique », et, sans
méconnaître l'originalité de cet art aga-
çant et joli, veillons, du moins, à éviter
le ridicule de le trop prendre au sérieux.

Comment le pourrait-on d'ailleurs, si
M. Debussy, négligeant ce qui est humain, autrement dit la mélodie, ne nous
donne que de vains accords dont la raison d'être échappe, se bornant, en guise
d'œuvres musicales, à nous offrir de pures
ébauches? Objectera-t-on que c'est parce
moyen qu'il obtient justement les effets

---

(1) Cf. les articles de la *Revue Blanche* (1901), où il
faut lire la suite de jugements infiniment comiques
portés sur Bach, Beethoven et « les chefs-d'œuvre
faisandés » de Richard Wagner. Et encore récemment,
sans craindre la risée, M. Debussy, parlant de la
Tétralogie, déclarait que « vous y entendez toujours la
même chose ! ». *Comœdia*, n° du 4 novembre 1909.

qu'il recherche : ce vague, ce délié, ce je
ne sais quoi d'impalpable? Mais, le charme
d'une buée est de recouvrir quelque
chose, de laisser deviner la réalité même
qu'elle adoucit et qu'elle estompe. Rien
de tel chez M. Debussy, dont la musique
ne fait rien entrevoir, par la raison sans
doute qu'elle contient fort peu de chose.
Telle quelle, elle est à la mode. Je le
regrette pour l'auteur, car c'est signe de
vie brève et qu'on ne peut plus rapidement elle passera. Je suppose que ceux
qui la goûtent doivent éprouver, grâce à
elle, une excitation surtout littéraire. A
cet égard, j'admets volontiers qu'elle
donne lieu à rêveries. Elle nous trans-
porte en un monde étrange où la lumière
n'est qu'un clair de lune indéfini, où les
eaux sont dormantes, où tous les bruits
sont amortis, où les voix, qui balbutient,
ne laissent entendre que mots puérils,
vagues, à peine formés. Tout cela, aussi
dénué que possible d'esprit de vie et de
fraîcheur. Le souffle matinal n'a jamais

passé là ; il n'y a jamais ce qui chante.
On dirait que les sentiments s'y osent
exprimer à peine. Ils ne parlent pas, ils
chuchotent. Pour appliquer à cette
musique la terminologie de Schopenhauer, j'oserais dire qu'elle n'est pas une
idée du monde : tout au plus une idée
des limbes.

Mais n'est-ce pas là précisément ce
qui explique son succès ? Elle m'apparaît
comme une manière de protoplasme musical. Cet art amorphe, si peu viril,
semble fait tout exprès pour sensibilités
fatiguées. Il faut que ce soit le cas de la
plupart des nôtres, car je ne m'explique-
rais pas autrement l'engouement puéril
dont il est l'objet. Cette musique a les
pâles couleurs ; aussi plaît-elle à nos chlo-
roses. Il n'est pas jusqu'à sa douceur un
peu amère et étrange, qui ne flatte nos
secrètes paresses et qui n'enchante nos
langueurs. Elle se joue à la surface des
choses. Elle ne nous touche pas : elle
nous frôle. Les femmes l'apprécient. Elle

est bien faite à leur mesure. Et combien,
parmi nous, sont femmes sur ce point !
Ces petites vibrations trouvent en eux
juste l'écho qui leur convient. Quant aux
grandes ondes wagnériennes, comment,
pour des sensibilités de cet ordre, ne
seraient-elles pas trop puissantes ?

Que n'a-t-on pas invoqué pourtant,
pour légitimer cette formule ! M. Com-
barieu, qui prend un, honnête plaisir à
déduire ses admirations, n'a pas craint
de mettre en branle, lourdement, toute
la machine métaphysique. La page sui-
vante, citée par M. Bellaigue, mérite de
l'être une seconde fois :

Je considère le rythme comme l'œuvre d'une
intelligence artistique encore rudimentaire,
qui, trop faible pour saisir les choses dans
leur continuité et leur plénitude, les réduit à
des proportions moyennes, les morcelle pour
les mieux comprendre, en répète certaines
parties pour que la mémoire ait plus de prise
sur elles, en un mot, introduit dans le langage
qui les exprime des rapports artificiels... L'in-

telligence suprême ne pense pas le monde sous forme rythmique puisque le temps n'existe pas pour elle, et que le rythme est la division du temps.

Ah ! gardons-nous des théories, car cet argument, si divin, à quoi tendrait-il, en somme, sinon à placer *Pelléas* au-dessus de la 5ᵉ Symphonie ? Et sans doute, rien n'égale en beauté certains grands effets naturels : bruits du vent, de la mer, dont le rythme vaste échappe. Mais, depuis quand le rôle de l'art est-il de les reproduire ? C'est la matière dont il lui faut extraire des accents, sinon supérieurs, du moins différents, plus humains, marquant par là leur origine. Comment dès lors appellerais-je musique ces vagues effets de harpe éolienne, ces bégaiements d'une naïveté falsifiée et suspecte, en quoi M. Debussy a résumé toute sa formule ?

Lui-même se rend si bien compte des dangers de son procédé qu'il met tout son soin à en rompre, çà et là, la monotonie, au moyen d'accords dissonants, intercalés un peu au hasard et qui ne semblent placés là que pour nous étonner. Cela aussi a d'ailleurs bientôt fait de paraître excédant, comme tout ce qui ne se sent pas de l'inspiration, mais du calcul ; si bien que, loin de masquer le procédé, cet artifice le souligne. Il donne à l'œuvre entière un caractère désaccordé, une allure fantasque, bizarrement versatile. On se trouve surpris par d'étranges sursauts d'orchestre qui, parfois, je l'accorde, correspondent à ceux des personnages et aux innombrables petits effarements des héros de M. Maeterlinck, mais qui, plus souvent encore, ne correspondent bonnement à rien.

Joignez-y la bizarrerie des sonorités debussystes, dont il faut bien dire un mot, tant le caractère qu'elles affectent est étrange. Peu ou point d'accords pleins. Des timbres sans franchise, quelque chose, oserais-je dire, à la fois d'aigre et de douceâtre, qui éveille, on ne sait

comment, une idée d'équivoque et de
fraude. Et ces accords, toujours captieux,
arrivent là sans motif, comme au gré
d'une improvisation qui s'éparpille. C'est
le papillonnage musical que M. Debussy
érige en principe. Ce caractère de liberté
suprême, dont on ne craint pas de lui
faire honneur, me paraît se réduire à
du pur arbitraire. Cela fait songer aux
petits caprices d'un feu follet qui voltige.
Pour qui connaît le terme allemand, ce
serait le cas d'ajouter que ses trom-
peuses lueurs ont égaré plus d'un des
nôtres. Voilà pourtant l'art minuscule
que certains, naïvement, proclament l'art
de l'avenir et qu'ils opposent, sans rire,
à celui de Wagner. — Voyez-vous Francis Jammes comparé à Gœthe ou à Shakespeare ? — Au fond, ceux qui pensent
ainsi n'ont jamais senti la musique. Surtout, ils n'ont pas compris qu'elle peut
tout exprimer en n'usant, s'il le faut, que
des moyens les plus simples. C'est l'inverse, exactement, de ce qu'on nous offre

ici, qui est le type d'un essai laborieux de musique élémentaire.

D'ailleurs, ces effets tant vantés de fluidité, de douceur, faut-il vraiment, pour y songer, qu'on ait attendu M. Debussy ? Sans évoquer *l'Or du Rhin* et son début incomparable, telles pages d'orchestre : le *scherzo de la reine Mab* ou le prélude de *Lohengrin* sont, certes, des merveilles de grâce aérienne. Et, si l'on veut de la musique d'auteurs moins imposants, n'a-t-on pas celle de M. Duparc, ou celle encore de M. Fauré, si attique, si fine, si délicatement parfumée (1) ? Ils auraient bien droit aussi au moins à une mention, ces six chefs-d'œuvre, les mélodies de Castillon, que l'on s'obstine à ignorer. Enfin, je recommande à M. Ravel (l'étonnant auteur de *Miroirs*) les effets de mystère et de rêve obtenus par Schubert, dans des lieder si simples, qui pourtant nous émeuvent jus-

(1) Songez au scherzo du 1ᵉʳ quatuor.

qu'aux larmes (1) ; car jamais le rêve ne se sépare du sentiment chez les vrais maîtres. Mais quoi, je cite Schubert, et à peine connaît-on en France l'œuvre de ce grand homme.

Pour revenir à M. Debussy et à sa formule, un dernier trait doit en être marqué, comme étant un de ceux qui expliquent encore son triomphe : je veux parler de cette recherche du ténu, de l'infiniment petit, qui domine un peu partout, notamment en littérature. C'est par où cet art sans grandeur se révèle bien de son époque. Il se réduit à une poussière musicale, à une mosaïque d'accords. L'auteur fignole chaque mesure, avançant note par note, s'attardant dans le minuscule. A défaut de l'élan souverain d'une inspiration absente, nous assistons à d'infimes recherches de sonorités rares, recherches dont on ne peut même pas dire que les effets en soient variés. Somme

(1) *Der Doppelgänger, die Stadt.*

toute, musique subtile, mais où rien ne
vit, ne palpite ; petite formule industrieuse, mais combien inféconde et res-
treinte ; art lilliputien, pour une humanité des plus réduites.

Et notez que le même procédé va se
répétant sans relâche, ce qui est, si l'on y
songe, juste l'inverse du génie. Il semble
que M. Debussy s'en voudrait de résoudre
un accord. Pour le reste, et sans parler
de son chromatisme, il procède à coup
de hachures, de petits frottements sonores qui, joints à sa gamme de harpe et
à ses trompettes toujours bouchées, cons-
tituent le plus clair de son habileté orchestrale. Cette adresse si vantée, M.
Jean d'Udine n'a pas craint de la quali-
fier, un jour, de « simple roublardise » (1).
D'ailleurs, serait-elle poussée jusqu'à ses
limites extrêmes, qu'il est clair que les
combinaisons les plus riches, les plus in-
génieuses, n'arriveront jamais, en mu-

(1) *Le Courrier musical,* 1" novembre 1905.

sique, à suppléer à l'inspiration. L'œuvre orchestrale, bavarde, brillante et brouillonne de M. Richard Strauss est là pour en faire la preuve. A dessein, je ne parle pas de ses lieder, où la sensibilité allemande reparaît. Il nous y fait grâce de son tumulte et de sa frénésie de commande.

Quant à la gamme debussyste, avec ses intervalles entiers, je veux bien, pour l'instant, ne lui rien objecter, essayer même de l'admettre. Chaque artiste, en effet, a le droit, pour exprimer ce qu'il sent, de recourir librement à tel moyen dont il est juge. La valeur de sa méthode s'appréciera au résultat. Mais, du moins, serons-nous dès lors en droit de protester, si l'auteur, choisissant à dessein un vocabulaire hors d'usage, ne se sert de cet instrument volontairement compliqué que pour un résultat tout mesquin et médiocre.

*
* *

Voilà pourtant la tendance qui partout règne actuellement. Un des jeux préférés des sophistes du second siècle était de consacrer des poèmes à l'Eloge de la mouche. Cet idéal semble celui de beaucoup d'auteurs d'à présent. Ecrivains pointillistes, partisans du vers libre ou de la prose rythmée, tous cultivent à l'envi la méthode microscopique. Ils invoquent bien l'art japonais, mais ne l'imitent que par ses côtés infimes. Ils tourmentent la langue, ils tenaillent les mots, font mille efforts prétentieux, pour un résultat dérisoire.

Que dire enfin de cette manie qui sévit en sculpture, depuis qu'un puissant artiste n'a pas craint d'en donner l'exemple (1), de fabriquer du vieux-neuf, de n'exposer

(1) Rodin n'aurait-il pas été influencé en ce sens par Rosso ?

que des débris, des œuvres inachevées, systématiquement informes ! Tout cela marque, à n'en point douter, un mouvement de réaction contre la clarté qui régna longtemps chez nous, en maîtresse un peu absolue. On s'est mis, de toutes parts, à courtiser l'imprécision. On ne manqua pas, d'ailleurs, de dépasser la mesure, comme chaque fois que c'est la théorie plus que l'inspiration qui nous guide. En poésie, Verlaine avait trouvé la note juste ; on n'eut garde de s'y tenir. Et il n'est pas jusqu'aux philosophes, on l'a vu, qui ne semblent glisser, de nos jours, à une sorte de debussysme !

Est-il besoin, passant à un autre domaine, de rappeler l'impressionnisme ? Cet art a bien trop d'éclat, lorsqu'il est traité par des maîtres, et, sous son apparente mollesse, révèle bien trop de vigueur, pour que j'institue entre l'art debussyste et lui une comparaison qui serait assez vaine. On n'en doit pas moins constater qu'au sein même de l'École une évolution s'est produite, tendant à obtenir des effets de plus en plus impalpables. Ce fut le cas de Pissaro lorsqu'il peignit ses *Vues des Tuileries*, et Claude Monet, ce merveilleux assembleur de buées, a su pousser encore plus loin les choses (1).

Et puis, de part et d'autre, même recherche exclusive de l'effet matériel à produire : plaisir sensuel de l'oreille ou pure joie de la rétine. C'est le point faible de ces tentatives.

Quant à Eugène Carrière, mon désir est d'en parler, non certes pour le rattacher au mouvement qui nous occupe, mais bien pour marquer fortement tout ce qui l'en sépare. Ceux-là se trompent qui ne voient en lui que l'homme d'un procédé. Derrière les brouillards de ses toiles, c'est toute une humanité qui palpite. Et ce qui la rend si vivante, ce sont ces qualités maîtresses qui révèlent le grand peintre : la perfection du dessin, le sens architec-

(1) Les *Brumes de Londres,* les *Nymphéas.*

tural, l'entente des volumes, enfin, cet esprit de synthèse qui subordonne le procédé au sentiment et les détails de l'œuvre à un plan supérieur. Au surplus, si l'on peut regretter que Carrière ait un peu négligé la couleur, encore n'est-ce point là une lacune irrémédiable. Le rôle du coloris, en art, n'est peut-être pas le premier. L'essentiel est plutôt le dessin, tout comme la mélodie, en musique. — Que l'on songe au *Faust* de Schumann, qui nous émeut si profondément, malgré son orchestration défectueuse.

Enfin, faut-il répéter qu'une formule n'est rien par elle-même, qu'elle ne vaut que par le génie de l'artiste qui en fait usage ? Nous devons au pointillisme bien des toiles fâcheuses, mais aussi les fresques d'Henri Martin et leurs poudroiements splendides. En musique, je serais tenté de condamner tout morceau à programme si, à côté de l'œuvre de Liszt ne se dressait celle de Berlioz (1). Mais il est clair que l'engouement debussyste est, avant tout, affaire de mode. Nous avons comme cela, à Paris, nos crises admiratives, nos petites maladies de saison. On peut dire que M. Debussy a fait secte en musique. Les professionnels de sa gamme sont actuellement légion. Mais, pour quelques essais réussis comme le quatuor de M. Ravel, que d'imitations vaines, de contre-façons enfantines et combien de jeunes talents à jamais amoindris ! A-t-on remarqué qu'au milieu des belles pages d'*Ariane et Barbe-Bleue*, l'acte le moins heureux est précisément le second, où domine l'influence debussyste ? Quant à M. Gabriel Dupont, l'auteur de *la Cabrera*, son talent un peu vulgaire semblait bien fait pour le préserver. Mais

(1) Et il est arrivé à Berlioz lui-même de se tromper : par exemple, dans la scène du tombeau de *Roméo et Juliette*.

non, la contagion est telle que lui-même n'a pu s'y soustraire.

Ces caprices du goût parisien sont, à la vérité, bien étranges. Une de ses caractéristiques est d'aller toujours aux extrêmes. Est-il rien de plus violent, par exemple, que l'art d'Octave Mirbeau ? Cet homme est de force à agir sur les nerfs les plus résistants. Il prend plaisir à choquer, à brutaliser le lecteur. Rien de ce qui est inhumain ne lui est étranger : c'est le Caligula du roman. Pourtant, les mêmes personnes que sa manière forte enchante s'extasieront devant Mallarmé, porteront aux nues René Ghil et feindront de se délecter à l'art faussement délicat d'un tas de petits maîtres. En peinture, ils adoreront pareillement Maurice Denis et Gauguin, Charles Conder et Cézanne, tous réunis par la seule vertu du snobisme conciliateur. Et notez que s'il arrive que le hasard mette à la mode un génie véritable, notre admiration, même alors, garde la marque de l'outrance. Tantôt nous en prenons occasion pour rabaisser quelque rival (et c'est ainsi qu'au lendemain de la reprise d'*Hippolyte et Aricie*, beaucoup commirent cette sottise de sacrifier Gluck à Rameau), tantôt, sous le prétexte de rendre justice à un grand homme, nous nous mettons à l'exalter sans discernement, sans choix, poussant, par exemple, le zèle franckiste jusqu'à nier contre l'évidence que telles pages des *Béatitudes* rappellent fâcheusement Meyerbeer. Et ce besoin de prendre parti sans atténuation ni nuance, n'allez pas croire qu'il soit la marque d'une originalité vigoureuse. C'est bien plutôt parce que nous sentons faiblement que nous cédons à la tentation d'exagérer nos jugements et d'accuser ainsi, à peu de frais, une personnalité factice.

Et puis, nous avons si peur d'être accusés de manquer de hardiesse ! Paris est plein de ces critiques de salon que la crainte de retarder préoccupe plus que

toute chose. Ils poussent si loin le culte
de l'exception et la fureur du distingué
qu'au besoin ils estimeraient le talent en
raison inverse du succès. Mais suffit-il
qu'une œuvre soit exempte de vulgarité
pour être belle ? A ce compte, il faudrait
trouver de la valeur à la musique de M.
Erlanger, ce qui serait, à coup sûr, exces-
sivement déraisonnable (1). Par contre,
celle de M. Charpentier, malgré son
allure un peu commune, arrive souvent à
l'émotion et à la poésie et atteint même,
dans *Louise*, à une sorte de grandeur.
Mais pour certains, peu sûrs de leur
goût, la consécration populaire devient
un motif de défiance. C'est ainsi que le
dédain qu'on ne craint pas d'afficher pour
Berlioz pourrait bien n'être que le contre-
coup du succès de sa *Damnation*. Le
plus grand de nos musiciens, si français

(1) Et pourtant, auprès de M. Nouguès, M. Erlanger fait encore figure. Mais quel musicien ne prend-
drait de la valeur, comparé à M. Nouguès ?

par son art qui vaut avant tout par la
ligne, est en disgrâce actuellement auprès
de certains cénacles. On lui reproche ses
travers, son clinquant romantique, sans
voir ce que tout cela recouvre d'inspiration noble et sincère (1). Et sans doute,
mélodiste avant tout, ne fit-il guère que
composer des romances, mais disons bien
qu'il en sut trouver dont le chant est
sublime. Au surplus, aurait-on besoin
d'insister sur ces choses, si nos contemporains n'avaient tendance à tout méconnaître et confondre ? Etrange époque que
celle où l'on voit comparer Jules La-
forgue à Henri Heine, M. Francis Jammes
à Rousseau et M. Debussy à Wagner !

Un de ses traits dominants est d'adorer

(1) Ç'a été un peu le cas pour Chateaubriand. —
Mais songez, par exemple, à ce qu'il y aurait d'ab-
surde à ne voir en Bach, que le contre-pointiste !

le faux naïf, non pas la candeur du génie, celle dont Bach et Schubert ont donné des exemples, mais la puérilité feinte, la naïveté machinée, l'imitation vieillotte des grâces de l'enfance. Cet effort pour balbutier, c'est tout l'art de M. Debussy ; c'est aussi, bien souvent, celui de M. Maeterlinck (1). Parlerai-je de ce romancier passé maître, comme chacun sait, dans le genre mystique ? Ce qui fait le charme de ses créatures, petites âmes dolentes et perplexes, agitées de sentiments si précaires, c'est surtout l'abandon avec lequel elles se livrent à leur Inconscient. Cela ne va pas sans inconvénients, dont le plus grave est justement cette recherche voulue de l'enfantillage. D'où une impression, parfois bien désobligeante, de faux puéril et de fraîcheur défraîchie. M. Francis Jammes semble

(1) Il y a une partie de l'œuvre de M. Maeterlinck, agréable et simple, que je ne vise pas. *La Vie des Abeilles* est un livre charmant.

avoir atteint, dans cette voie, des limites qui ne se peuvent franchir. Songez aussi à M. Maurice Denis, peintre délicieux des paysages toscans, décorateur parfois exquis, mais que perd la recherche niaise d'une gaucherie affectée.

Le procédé de M. Maeterlinck est d'ailleurs des plus simples. C'est un art de remplacement. Son savoir-faire consiste à remplacer l'idéal par l'irréel, l'émotion par la verbosité mystique, la grâce par le faux naïf, la poésie enfin, par je ne sais quel mélange d'obscurité et de fadeur. Ce ne sont qu'unions d'âme, amours à l'état d'éternelle et suave préface (1). Quelque chose comme une combinaison d'Emerson, de Burne Jones et de mauvais Shakespeare. Il n'y a pas

---

(1) Connaissez-vous cette amusante définition de Wells : « Qu'est-ce qu'une union d'âmes ? C'est un extra, une sorte de fioriture. Et quelquefois, comme quand on fait déposer sa carte par un laquais, c'est une substitution à la présence réelle. » *Miss Waters.*

comme ces personnages pour dire des
futilités sur le ton le plus solennel. Cela
fait croire au génie, et d'ailleurs en dis-
pense. L'un d'eux prononce, dans *Ariane* : « Il y a donc une clarté dans les
plus profondes ténèbres ! » A vrai dire,
c'est plutôt inversement que M. Maeterlinck procède : il commence par envelop-
per d'obscurité les situations les plus
claires, et puis nous donne ce facile mystère pour de la poésie. Il se complaît à la
description des âmes indécises. Ses héros à la vie tremblante, avec leurs sem-
blants de pudeur, puérils, vaguement
sensuels, agités de perpétuelles craintes,
ont proprement la délicatesse des êtres
qui existent peu. Ce ne sont guère que
petits personnages de songe et de men-
songe. Des pressentiments continuels
leur tiennent lieu de sentiments. Leur
individualité est si flottante qu'entre eux
on les distingue à peine. Innocenté ima-
gerie ayant tout juste la valeur d'un mu-

sée gracieux de petites poupées mélancoliques.

Il va de soi que le sexe, par cela même qu'il individualise, fera généralement défaut à des héros si épurés. A cet égard, et j'allais dire à cet endroit, Pelléas se distingue mal de Mélisande. Asexués, ils pourraient d'ailleurs l'être d'une manière assez exquise. Gœthe, à la fin du second *Faust*, n'a pas craint d'évoquer ces anges trop charmants, qu'il charge du soin de toucher, d'attendrir Satan lui-même. Ravissante gaucherie de la première adolescence ; douceur délicieuse des visages florentins... Mainte fois, l'on a signalé le caractère de charme insinuant, d'intimité doucement prenante, qui distingue l'art de Florence et l'oppose à l'art vénitien. Cela ne tiendrait-il pas au soin qu'ont pris ces peintres d'interposer au premier plan, entre leur sujet et le spectateur, ces figures mutines, d'une perfidie charmante, si propres, par leur grâce et

l'indécision même de leur sexe, à s'atti-
rer sans distinction toutes les faveurs ?.

Mais que nous voilà loin de M. Maeterlinck et de ses figurines ! Son procédé
est bien différent. Il consiste à prendre
des adultes, puis à les réduire à l'enfance
en leur imposant, si je puis dire, la livrée
de la naïveté. Ils en feignent les perplexi-
tés, l'inexpérience, l'émoi facile et jusqu'aux petits artifices boudeurs. Pour ma
part, je trouve peu de charme à cette
simili-enfance. Mais ce ne sont pas seulement des enfants : ce sont des enfants
neurasthéniques et malades. Ils semblent
toujours comme mal à l'aise avec eux-
mêmes. Un rien les déconcerte ; ils sont
sujets à de légers effrois dont ils ne sont
pas les maîtres. De la retraite mystérieuse de leur petit moi, ils ne savent que
jeter des regards d'anxiété sur les choses.
Leurs réactions sont anormales. On en
a fait la remarque (1) : tout mouvement
un peu vif produit chez eux un sursaut

(1) Paul Flat, *Revue bleue* du 10 octobre 1903.

des facultés conscientes et la peur paraît être leur sentiment dominant. Pelléas dit au petit Yniold : « C'est toi qui frappes ainsi ! Ce n'est pas ainsi qu'on frappe aux portes. C'est comme si un malheur venait d'arriver. » Ne trouvez-vous pas que voilà bien du mystère ? L'étrange manie qu'ont ces personnages de vous donner de petites choses pour graves et primordiales, d'attribuer à tous leurs gestes une signification ineffable, d'enjoliver leurs moindres propos de maximes superflues et d'avoir l'air de vous garder, pour chacun de leurs discours, un peu de métaphysique disponible ! Tout cela, à parler franc, c'est proprement du Shakespeare pour les snobs.

Ces craintes indéfinissables de regarder, de sentir, de toucher un objet quelconque ont leur nom en pathologie : on les appelle des phobies.

« Le mystique, dit M. Nordau (confondant peut-être le vrai mysticisme avec « ses formes inférieures), croit percevoir

« ou pressentir des rapports inconnus ou
« inexplicables entre les phénomènes ; il
« reconnaît dans les choses des indica-
« tions de mystères et les considère
« comme des symboles par lesquels
« quelque puissance obscure cherche à
« révéler ou du moins à faire soupçonner
« toutes sortes de choses merveilleuses
« qu'il s'efforce de deviner, le plus sou-
« vent en vain... Le mot le plus simple
« prononcé en présence du mystique lui
« semble une allusion à quelque chose de
« caché ; dans les mouvements les plus
« ordinaires et les plus naturels, il voit
« des avertissements secrets. *Les choses*
« *ne sont pas ce qu'elles paraissent*,
« telle est l'affirmation constante que l'on
« entend souvent sortir de la bouche du
« mystique. Il vit comme environné de
« masques inquiétants...»

Je m'en voudrais de tout ramener à la
pathologie, ce qui est facile. Pourtant, à
condition de n'être point dupe de la méthode, celle-ci peut être, à l'occasion,

d'un emploi divertissant. Or, sait-on que
le goût, la recherche de l'enfantillage
correspondent à des cas morbides particulièrement bien étudiés ? Ce sont ceux
où la sénilité s'ingénie à paraître jeune.
Ces malades se jouent à eux-mêmes une
sorte de comédie. « Ils se font, dit M.
« Pierre Janet, naïfs, petits et câlins ; ils
« jouent l'ignorance complète et aiment
« à passer pour un peu *bébêtes*. C'est
« qu'ils désirent une direction douce qui
« les amène à tous les actes en leur apla-
« nissant les voies... Ils diminuent pro-
« gressivement leur âge, comme s'ils
« revenaient à une mentalité enfantine,
« à mesure que leurs souvenirs se ré-
« duisent et se rétrécissent aux acquisi-
« tions initiales, les dernières à s'effacer.
« C'est ce qui a fait donner à quelques
« auteurs le nom de puérilisme à cette
« régression. A cette affectation de sim-
« plicité enfantine il faut joindre le rabâ-
« chage, la répétition incessante d'un
« même mot ou d'une même phrase ; et

« surtout ces craintes indéfinissables dues
« au sentiment fréquent d'une domina-
« tion mystérieuse et irrésistible qui est
« le plus souvent comparée à l'obligation
« morale ou religieuse ».

Tout cela ne fait-il pas songer à la manière de M. Maeterlinck et, pour le moins
autant, à celle de M. Debussy ? J'avoue,
d'ailleurs, que leurs deux génies me paraissent s'adapter à merveille. Voyez par
exemple comme, dans la scène du petit
Yniold, les niaiseries musicales accom-
pagnent et soulignent immanquablement
celles du texte. Moussorgsky, dans sa
Chambre d'enfants, avait tenté quelque
chose d'analogue ; mais, c'est surtout
ici que le goût est affaire de mesure, et
ses mélodies restent aimables grâce à ce
qu'il a su la garder.

Au surplus, il est un mérite qu'on ne
saurait enlever à M. Debussy, c'est d'a-
voir eu l'instinct délicat des sujets qui
vraiment lui conviennent. Il lui faut des
héros au sang pâle, frêles, toujours un

peu languides. Rossetti, Mallarmé, Mac-
terlinck furent bien choisis pour l'inspirer. Par contre, le jour où il a voulu
s'attaquer à Beaudelaire, il n'a pu que le
rapetisser et singulièrement l'affadir. Ces
mélodies aux courtes ailes, ce petit lyrisme qui s'évertue, quoi de plus contraire à la majesté du poète ? Mais,
ailleurs, encore une fois, l'appropriation
de la musique au texte séduit par une entente harmonieuse que l'on a plaisir à
goûter. C'est qu'au fond, cet auteur est
bien moins musicien qu'artiste, et peut-
être c'est pourquoi il nous plaît à nous
autres, Français. En particulier, *Pelléas*
m'apparaît comme une réussite. Les dé-
cors et la poésie font partie intégrante de
son charme. J'y vois le fruit d'une colla-
boration très remarquable : celle de
M. M. Maeterlinck et Carré, — sans oublier M. Debussy.

C'est ce dont M. Vincent d'Indy faillit,
un jour s'apercevoir :

En quoi réside la cause de cette émotion dont ne peuvent se défendre les auditeurs de bonne volonté ? Dans le drame même ?... oui, certainement, mais le drame *seul* ne suffirait pas à produire une impression de ce genre spécial. Dans la musique ?... oui, certainement, mais la musique *seule* ne saurait être créatrice de la complexe émotion dont je veux parler... La musique *en soi* ne joue dans *Pelléas*, la plupart du temps, qu'un rôle secondaire. C'est ici le texte qui est le point principal, le texte merveilleusement adapté, en sa conception sonore, aux inflexions du langage et baignant en des ondes musicales diversement colorées qui rehaussent le dessin, révèlent le sens caché, magnifient l'expression, tout en laissant la parole transparaître toujours au travers du fluide élément qui l'enveloppe (1).

Critique en somme assez juste, mais d'où l'on me permettra de conclure que le grand mérite de M. Debussy est un mérite d'adaptation. Craignons toutefois d'exagérer. Il est certain que le Prélude à l'*Après-midi d'un Faune* doit trouver

(1) *L'Occident,* juin 1902.

grâce auprès de tous. Dans le genre « arachnéen », rien de plus réussi. Avec ses sinuosités d'orchestre et ses jolies nonchalances, c'est un vrai miracle de subtilité. Dans *Pelléas* même, il serait injuste de ne pas relever des passages. La lecture de la lettre est d'une noble déclamation. C'est d'ailleurs là, dans cet essai de claire diction, dans cette façon de poser de la musique le long de la prose, sans préjudice pour le texte qu'est le plus curieux, sans nul doute, de la tentative debussyste. A défaut de coloris, car ce mot, appliqué à M. Debussy, m'a toujours paru hors de mise, je goûte, dans la scène de la grotte et à la sortie du souterrain, de curieux effets musicaux d'ombre et de lumière. J'ajoute enfin qu'à l'avant-dernier acte, la scène de la fontaine nous apporte comme une bouffée d'assez délicate poésie. Charme doux, auquel on aurait bien tort de me croire insensible.

Malheureusement, ce ne sont là que

lueurs vite évanouies. Cette formule, par elle-même, n'est pas longtemps soutenable. (Supposez l'art du miniaturiste appliqué à la fresque). Bonne au plus pour de courts morceaux, elle a tôt fait, en se prolongeant, de nous devenir fastidieuse. Les Alexandrins, qui raffinaient eux aussi, avaient du moins compris que la brièveté était une loi nécessaire de leur art minutieux. J'aurais souhaité que M. Debussy eût fait preuve d'un goût pareil ; son œuvre, à mon sens, n'aurait fait qu'y gagner.

Au reste, est-il besoin d'observer qu'une bonne part des critiques que j'adresse vont moins encore à cet artiste lui-même qu'à ses fâcheux admirateurs ? Que n'ont-ils vu qu'une telle musique, à caractère exceptionnel, avait tout juste le genre d'intérêt qui s'attache à une tentative, et qu'il n'était de pire faute que de prétendre l'imiter ? (Aussi bien, de tous ceux qui font du Debussy, est-ce encore lui qui y réussit le mieux). A défaut

d'intelligence critique, le rapide épuise-
ment de l'auteur aurait bien dû les éclairer. Est-il rien de plus vain, depuis quelques années, que ses compositions, de
plus froidement ennuyeux, par exemple,
que son *Hommage à Rameau?* Il faut
être M. Laloy pour écrire que « ce tom-
« beau en musique est digne d'être com-
« paré, pour sa tristesse sereine, aux plus
« belles offrandes funèbres que l'art grec
« nous ait laissées!» Pourtant, il n'est pas
jusqu'à M. Pierre Lalo, d'un goût ordinairement si fin et si sûr, que cette musique
n'ait amené à avancer d'étranges choses.
Croirait-on qu'il s'est avisé naguère de
relever dans *Pelléas* « des traces de l'idéalisme épuré de Parsifal » (1) ? Il fut un

(1) *Le Temps*, n° du 23 juin 1908. De ce *Parsifal*
que M. Debussy qualifie de « joli ! ». *Excelsior*, n°
du 11 février 1911. — M. Lalo aurait-il, depuis lors,
évolué ? Son feuilleton du 26 février 1910 contenait,
à propos de l'art debussyste, des critiques presque
identiques à celles que je formulais. Etrange et flat-
teuse ressemblance ! Toute la ferveur admirative de

moment, pourtant, où il avait eu l'air de
se reprendre. Ce fut à l'occasion des trois
esquisses symphoniques données par M.
Debussy sous ce titre : *la Mer.*

Il me semble, écrivait-il, qu'il a *voulu* sentir
plutôt qu'il n'a vraiment, profondément et naturellement senti ; il me semble qu'il a *voulu*
exprimer ce qu'il ne sentait pas ou ne sentait
qu'à moitié. Pour la première fois (?) en écou-
tant une œuvre pittoresque de M. Debussy,
j'ai eu l'impression non point d'être devant la
nature elle-même, mais devant une reproduction de la nature : reproduction merveilleusement raffinée, ingénieuse et industrieuse, trop
peut-être ; mais reproduction malgré tout... Je
n'entends pas, je ne vois pas, je ne sens pas la
Mer. »

Théophile Gautier qui, lui aussi, se
plaisait aux « transpositions d'art », se
trouvait plus inspiré par les tableaux que

M. Lalo semble s'être reportée sur le *Macbeth* de M.
Bloch. J'avoue que je serais bien en peine de la partager.

par la nature même. Mais au moins ses descriptions, si variées, valaient-elles par la richesse d'une palette incomparable. Rien de tel chez M. Debussy, dont l'art est tout monochrome. Vraiment, lui seul était capable, en nous décrivant la mer, d'arriver à nous donner une impression de petitesse, des effets d'aquarium, une tempête d'agrément, l'immensité en miniature. Mais je m'en voudrais de ne point placer en regard l'explication de M. Laloy. « Il ne faut point lui reprocher, nous dit-il, de ne pas avoir peint une mer assez effrayante. Avoir peur, c'est ne pas comprendre ; l'initié ne peut connaître la peur ; les éléments sont ses amis, et il s'avance fraternellement parmi leur apparente colère. »

M. Laloy réalise en personne le type de l'initié. M. Debussy a éveillé brusquement dans l'âme de ce professeur un lyrisme qui sommeillait. Il a pour sa musique une vénération presque divine. Ne croyez point que j'exagère.

A des auditeurs qui vont ouïr ses œuvres il parle, conférencier mystique, des « mystères musicaux » qui vont être célébrés devant eux. Et puis, après avoir comparé M. Debussy aux magiciens de l'Inde, il s'excuse, en terminant, de les avoir, par sa causerie, retenus trop longtemps « au seuil du Paradis terrestre ». C'est qu'en effet cette musique, à l'en croire, aurait un pouvoir singulier : « Elle exprime de primordiales vérités, inaccessibles à l'entendement humain ; par elles nous sont révélées et la vie des choses et notre propre vie. Elle nous ramène à un état d'innocence, de pureté et de limpidité absolues, où la notion même du mal n'existe pas encore, aucune règle n'ayant été imposée. *Avant la faute*, telle pourrait être sa devise (1) ». Si j'ai bien compris M. Laloy, c'est à l'art du Paradis terrestre qu'il rattache cette musique, par l'intermédiaire chronologique

(1) *Le Mercure musical*, 1er mars 1906.

de celle des Chinois et des Javanais. Voilà ce qui peut s'appeler faire œuvre de science. Mais que répondre à ce dérèglement d'éloges, à cette frénésie laudative et à des gens qui se jettent de suite en de si grands discours !

Parlant de M. Debussy, à propos de *la Mer*, il déploie un tel enthousiasme, qu'à peine trouverait-on quelques œuvres de génie, *Parsifal* ou la Messe en *ré*, qui en soient vraiment dignes. Il s'écrie, en songeant à ces pâles esquisses : « Il fau- « drait citer toutes ces pages sublimes et « qui étreignent la gorge comme tout ce « qui est surhumain. Il n'y a à mon sens « que la musique de M. Debussy et les « spectacles de la nature qui font ainsi « souffrir à force de joie et par l'excès « même de leur beauté (1). »

De pareils jugements justifieraient toutes les critiques. Je m'en serais voulu de ne point les citer. On ne saurait plus

(1) *Le Mercure musical*, 1ᵉʳ novembre 1905.

résolument offenser le bon sens ni, ce
faisant, rendre à la musique française un
plus détestable service. Si notre Ecole
brille, à l'heure actuelle, par l'originalité
et le talent, il semble qu'il y aurait pourtant moyen de le reconnaître, sans tomber
en de si maladroites et folles exagéra-
tions. Celles-ci n'en demeurent pas
moins, d'ailleurs, d'une signification pré-
cieuse. Une sorte de sincérité s'y révèle,
malgré tout. C'est ainsi que tous ceux que
Wagner laissait froids, et qui hésitaient
à le dire, saisirent ce prétexte honorable
d'une confession et d'un aveu. Ayant
trouvé un petit art à leur mesure et con-
venance, ils puisèrent dans cette décou-
verte le courage qui leur avait manqué.
De ce jour, ils renièrent sans façon les
chefs-d'œuvre qu'ils feignaient d'entendre, mais dont il était clair que la
grandeur leur échappait. Ce leur fut
l'occasion d'une franchise tardive ; et
ainsi prit fin du même coup la plus aga-
çante des hypocrisies.

Mettant à si haut prix la sincérité chez les autres, on ne s'étonnera pas que j'aie tenu à en faire preuve, tout le premier. Un tel devoir est si loin d'ailleurs de m'apparaître comme pénible que j'avoue que mon plaisir le plus vif fut encore de m'y conformer.

CONCLUSION

CONCLUSION

Peut-être ne jugera-t-on pas superflu de clore cette série d'essais par un bref argument qui en précisera la portée. Au demeurant, ce ne sont guère qu'études et travaux d'approche, mais qui du moins nous auront aidé à comprendre la sensibilité, grâce aux vues successives que nous avons pu prendre sur elle, soit de profil, soit de face, soit, pour finir, en dégradé.

Il est remarquable que, parmi la diversité des problèmes auxquels il s'attaque,

Nietzsche nous montre toujours, se profilant sur les compromis moraux et sociaux, les forces primitives et sauvages de l'instinct, ennemies des lois, toujours prêtes à renverser l'ordre artificiellement établi de la raison et à renouveler, par d'incessants défis, la volonté de puissance.

D'autre part, sous le couvert des théories de l'Inconscient, il nous a été donné d'observer ces forces vives, trop longtemps méconnues, mais qui n'en donnent pas moins le branle à tout le reste, alimentant, actionnant tout. Cette sensibilité d'avant la représentation, toute concentrée en elle-même en vue de l'effort créateur et de l'élan joyeux, est le foyer fécond qu'il s'agissait de retrouver en nous et de signaler à l'origine mystérieuse du moi conscient. L'étude de ce fond instinctif de la sensibilité humaine tend donc, cette fois, à nous la présenter de face et en profondeur, en nous découvrant l'incessant va-et-vient des forces qui y circulent. C'est bien là ce qu'il y a de plus jeune, de plus héroïque dans la sensibilité, lorsque, vivant de sa vie propre, elle n'est pas domestiquée par l'intelligence ou exténuée par la culture.

Quant à la troisième expression du même phénomène, elle nous le présente, en quelque sorte, en dégradé : d'où précisément son caractère décevant, spécieux, de pure apparence. La sensibilité qui alors s'offre à nos yeux n'est plus une sensibilité riche et débordante, mais une sensibilité alanguie et fléchissante. Sans élans bienfaisants, sans audace, elle s'épuise dans la répétition stérile d'enfantins procédés. Et c'est l'art fallacieux de M. Debussy, la fausse puérilité des drames de M. Maeterlinck, la préciosité et le marivaudage incessant de la psychologie bergsonienne. Il n'y a plus ici ni fermeté, ni consistance, mais une vie de reflet, une sensibilité rapetissée, morbide et qui, pour ainsi parler, n'est plus que le rêve d'elle-même. La santé, la divine jeunesse des cœurs ne sont point là. Ce n'est rien moins qu'une contre-façon de la sensibilité véritable.

FIN

TABLE DES MATIÈRES

※

BERGERAC
IMPRIMERIE ARTISTIQUE (J. POUGET)
Rue Thiers

※

EN VENTE A LA MÊME LIBRAIRIE

SOUS PRESSE :

www.ingramcontent.com/pod-product-compliance
Lightning Source LLC
Chambersburg PA
CBHW071935090426

42740CB00011B/1711